発達が気になる子どものためのポーテージプログラム入門

0歳から家庭でできる発達支援

認定NPO法人日本ポーテージ協会［監修］

清水直治・吉川真知子［編著］

合同出版

はじめに

「ポーテージプログラム」とは、発達に遅れや偏りのある乳幼児の親（保護者）が中心になって、家族と力を合わせて、０歳からの子どもの発達を支援する早期対応プログラムの総称です。

乳幼児期の子どもにとってもっとも自然な環境である家庭や日常生活の中で、子どもの発達の状態をアセスメントをして子どもの特別なニーズを捉え、それに応えるために指導計画を作成し、指導を展開してその結果を評価するという〝アセスメントー指導ー評価の過程〟を繰り返すことによって、早期からの子どもの発達を促進させるツールです。

このプログラムはもともと、１９７０年代はじめにアメリカ合衆国ウィスコンシン州の酪農地帯だったポーテージで最初に開発され、その地名をとって『ポーテージ早期教育ガイド』と名づけられました。当初は、ポーテージ相談員が家庭への訪問指導による早期からの発達相談と親（保護者）や家族を支援するプログラムとして開発されました。それはポーテージ・モデルといわれていますが、ポーテージということばには、家庭にプログラムを運ぶこと、そして発達に遅れや偏りのある子どもを小学校に運ぶという寓意が込められています。

現在では、アメリカ合衆国以外の数多くの国や地域で活用されています。とくに、後発開発途上や開発途上の国ぐにのＣＢＲ（地域に根ざしたリハビリテーション）活動において、親（保護者）による家庭指導を中心とするポーテージ相談を行うという特徴を活かして、活発に使われています。

日本においては、『ポーテージ早期教育ガイド』の１９７６年改訂版をもとに、１９８３年に『ポーテージ乳幼児教育プログラム』を出版し、１９８５年に創立した日本ポーテージ協会によって、日本全国およびアジアの国と地域に、このプログラムの普及をしてきました。そして２００５年には、それまでの臨床経験をふまえて『新版ポーテージ早期教育プログラム』を出版しました。現在では、全国50支部において、それぞれの地域の実情に合わせて、早期からのポーテージ相談が行われています。認定ＮＰＯ法人日本ポーテージ協会は、２０１５年に創立30周年を迎えました。

本書をとおして、ポーテージプログラムの理念やその指導の進め方、そして応用行動分析の原理を適用した指導の目標としての行動目標の達成や、行動問題の理解と対処などについて、理解を進めていただきたいと思います。

そのうえで、親（保護者）をエンパワメントして、家族の協力を得ながら、発達に遅れや偏りのある乳幼児の特別なニーズに的確に応じた、０歳からの発達支援を実践しようとする際の、その一助になれば幸いです。

認定ＮＰＯ法人日本ポーテージ協会会長　清水　直治

目次

第1章 ポーテージプログラムの進め方

第2章 応用行動分析を使ったポーテージテクニック

第3章 ポーテージプログラムの実践から

第1章

ポーテージプログラムの進め方

1 ポーテージプログラムの誕生

1972年に、アメリカ合衆国ウィスコンシン州ポーテージで作られた発達遅滞乳幼児のための早期教育プログラムが、『ポーテージ早期教育ガイド（Portage Guide to Early Education: PGEE）』（初版1972年、改訂版1976年）です。この『ポーテージ早期教育ガイド』は世界の数多くの国と地域で活用されています。日本では1983年に、『ポーテージ乳幼児教育プログラム』として翻案し、日本ポーテージ協会が普及してきました。そして、その後の20年余りの臨床経験をふまえて、2005年には『新版ポーテージ早期教育プログラム』を刊行しました（以下、これらをまとめて「ポーテージプログラム」といいます）。

1 「家庭中心アプローチ」のプログラム

ポーテージには当時、ＣＥＳＡという州の教育行政援助機関が置かれていました。ＣＥＳＡはアメリカ合衆国連邦法の「障害児早期教育援助法」（1968年制定）からの助成金を得て、1969年にポーテージプロジェクトを組織し、発達遅滞乳幼児とその親（保護者）や家族を支援するために、早期から対応するプログラムの作成に着手しました。

ポーテージは面積が広大だったにもかかわらず、その当時は8000人程の人たちが分散して住んでいる地域でした。このような地理的な条件があったので、ポーテージプロジェクトは、ポーテージ相談員（128ページ参照）が家庭を訪問して親（保護者）の子育てや家族支援を行うという家庭中心アプローチを採用しました。

2　ポーテージプログラムの仮説

ポーテージプログラムの作成にあたって、つぎのような仮説を立てました。

a　指導の開始は、可能な限り早期からはじめるほうが望ましい。
b　親（保護者）は子どもにとって、もっとも強力な教師である。
c　家庭は子どもにとって、もっとも自然な環境である。
d　発達の順序性・系列性に従って、個別化されたアプローチが有効である。
e　子どもと親（保護者）との相互のやりとりに、早期対応の焦点をあてるべきである。

このような仮説を実証するために、ポーテージプロジェクトは〝親（保護者）を自分の子どものおもな指導者とする、家庭における早期からの個別の発達支援プログラム〟として、ポーテージプログラムを完成させました。

3　日本におけるポーテージプログラム

これらの仮説はしだいに実際の指導の中で実証され、『ポーテージ早期教育ガイド』は早期からの対応プログラムとして高い評価を受けるようになりました。そしてアメリカ合衆国国内だけでなく、現在までに世界35カ国の言語に翻訳・翻案され、世界中の国や地域で使われるようになりました。

日本では１９８０年代のはじめに厚生省（当時）から助成金を得て、ポーテージプログラムの適用に関する研究が進められました。日本語の体系や社会状況、子育て事情などにも配慮して、１９８３年に『ポーテージ乳幼児教育プログラム』として翻案・出版しました。

そして１９８５年には、この『ポーテージ乳幼児教育プログラム』を普及させるために「日本ポーテージ協会」を設立しました。２００５年には、それまでの20年間の臨床経験や社会状況を考慮して大幅な改訂を行い、『新版ポーテージ早期教育プログラム』を出版しました。

2 ポーテージプログラムの3つの特長

ポーテージプログラムが子育ての現場で使いやすいという評価を得ているおもな理由は、つぎの3点にあります。

1、親（保護者）の支援と日常生活での指導
2、一人ひとりの子どもの発達に応じた個別のプログラム
3、子どもの指導に応用行動分析（ＡＢＡ）の原理を適用する

なかでも〝親（保護者）の支援と日常の生活場面の中で指導を行う〟という特長は、親（保護者）が直接に自分の子どもの発達支援にたずさわるという点でとても重要です。

1 親（保護者）の支援と日常生活での指導

ポーテージ相談員は、親（保護者）や家族がポーテージプログラムを用いて日常生活の中で行う子

育てを支援します。また同時に、このポーテージプログラムは親（保護者）や家族の子育て支援だけではなく、保育園や幼稚園、児童発達支援事業などにおいて、子どもの発達支援にたずさわっている人たちにも活用できます。

家庭など日常生活を中心とする早期からの対応は、つぎのような利点があります。

①家庭は子どもにとってもっとも自然な環境であり、親（保護者）や家族による家庭での指導は、子どもに学習の成果があらわれやすい。

②個別化した指導が行いやすく、子どもが自発した行動にいつも同じように対応ができる。

③子どもにとって親（保護者）や家族あるいはよく接する人たちにほめられることは最大の強化（60ページ参照）で、習得された行動は維持、般化《はんか》（74ページ参照）がしやすい。

④子どもにとって、すぐに使える実用的で機能的な行動が指導できる。

保育士や児童発達支援事業のスタッフなどがポーテージプログラムを活用するときにも、ポーテージ相談員としては、家庭における親（保護者）や家族の子育て支援を思い起こしながら、支援計画について話し合いましょう。ポーテージ相談員は親（保護者）の子育てのパートナーとして、悩みや心配事などのよい聞き手になるとともに、何でも話し合えるような信頼関係を作ることが大切です。

親（保護者）は、ポーテージ相談員との信頼関係をもとに、子育てに関することがらについてしっかり話し合うことをとおして、日常生活の中で子どもにどのように働きかければよいかが具体的にわかるようになり、それとともに子どもが確実に課題を達成していくことが観察できます。そして、子どもの発達の状態が正しく捉えられるようになり、それによってほかの子どもと比較してあせることや、どうしたらよいかわからなくなり不安に陥ることが少なくなります。

2　一人ひとりの子どもの発達に応じた個別のプログラム

0歳からの子どもの一人ひとりの発達を促すために、その子どもの現在の発達の状態をアセスメントしてどのような支援が必要かについて情報を集めます。その情報をもとに、その子どもだけのオーダーメイドの個別のプログラムを作成し、その指導計画をもとに指導を展開します。障害の種別や医学的診断のあるなしを問いません。

3　子どもの指導に応用行動分析（ABA）の原理を適用

子どもの行動の発達を促すために、指導の目標を行動目標として設定します。そしてその行動目標を達成するために、応用行動分析（Applied Behavior Analysis: ABA）の原理を適用します。行動目標は観察可能で測定可能な行動の用語を使って書き、指導の経過をさまざまな記録用紙に記録します。ポーテージプログラムは、こうして記録された内容をもとに指導を進めます。このようにエビデンス・ベースト（証拠にもとづく意思決定）という考え方による指導を行います（詳しくは第2章参照）。

3 ポーテージプログラムの構成

ポーテージプログラムは、①チェックリスト、②活動カード、③発達経過表、④利用の手引きで構成されています。

① チェックリスト

チェックリストは、6つの発達領域ごとに達成が目指される指導の目標が行動目標としてあげられています。6つの発達領域は「乳児期の発達」＝45項目、「社会性」＝84項目、「言語」＝92項目、「身辺自立」＝105項目、「認知」＝111項目、「運動」＝139項目で、行動目標は総数576項目あります。

「乳児期の発達」の発達領域には、生後4カ月までのまだ発達が未分化

■ポーテージプログラムセット

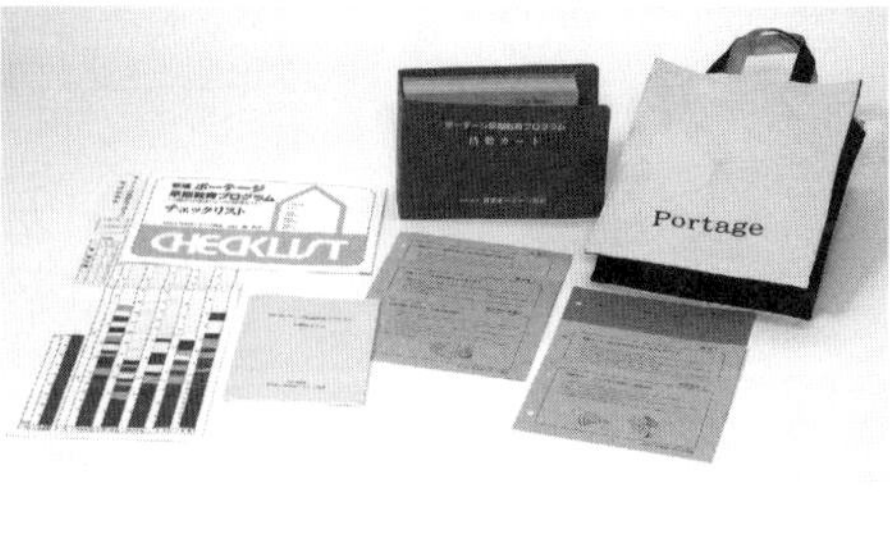

な時期に達成される項目があげられていますが、そのほかの5つの発達領域には、0歳から6歳までのおおまかな発達の順序に従って、その間にごくふつうの子どもにおいて達成される項目が、行動目標として番号がつけられ配置されています。チェックリストの各発達領域は識別しやすいようにページの端が色分けされています。

チェックリストは、現在の子どもの発達の状態をアセスメントするときだけでなく、子どもに指導する行動目標を選ぶときや指導した結果を記録するときにも使います。行動目標は年齢の順番に配置されていますが、ポーテージプログラムは標準化の手続きをとって作成された発達検査ではありません。総数576項目の行動目標は、それぞれの年齢範囲において指導の目標として選び出すときに便利なように配置しました。発達領域内や発達領域間での関連性を考えながら、その子どもにとってもっとも適切な行動目標を選び出します。

■発達領域別・年齢段階別の行動目標数

発達領域	乳児期の発達	社会性	言語	身辺自立	認知	運動	計
発達年齢	水色	灰色	薄緑色	黄色	薄桃色	薄朱色	
1～4ヵ月	45						45
0～1歳		28	14	14	18	47	121
1～2歳		15	20	12	9	19	75
2～3歳		8	22	26	18	17	91
3～4歳		13	13	16	25	15	82
4～5歳		8	11	22	21	16	78
5～6歳		12	12	15	20	25	84
計	45	84	92	105	111	139	576

①チェックリスト

年齢段階	カード番号	行動目標	最初の評定	目標達成年月日	生活年齢	備考
0－1	1	20cmくらい前の物に手を伸ばす				
	2	子どもの手から8cmくらい前の物をつかむ				
	3	手に持っている物を口にもっていく				
	4	うつぶせにすると、頭と胸を両ひじで支える				
	5	口で物を感じたり、探ったりする				
	6	両手を握って引っぱると、あおむけからおすわりになる（頭が後ろに倒れない）				
	7	体を支えられると、頭を自由に動かす				
	8	うつぶせから横向きになり、2回に1回はその姿勢を保つ				
	9	うつぶせからあおむけに寝返りをする				
	10	あおむけから横向きになり、2回に1回はその姿勢を保つ				
	11	あおむけからうつぶせに寝返りをする				
	12	身の回りにある物に手を伸ばしてつかむ				
	13	好きな物の方に手を伸ばす				
	14	うつぶせにすると、片ひじで支えて、頭と胸をまっすぐに上げる				
	15	腹ばいで、体の長さ分前進する				
	16	支えられて、お座りの姿勢を2分保つ				
	17	もう1つの物を手に入れるために、手に持っている物を放す				
	18	自分で物を取り、わざと落とす				
	19	体をしっかり支えれば立つ				
	20	体を支えて立たせると、脚をはずませる				

②活動カード

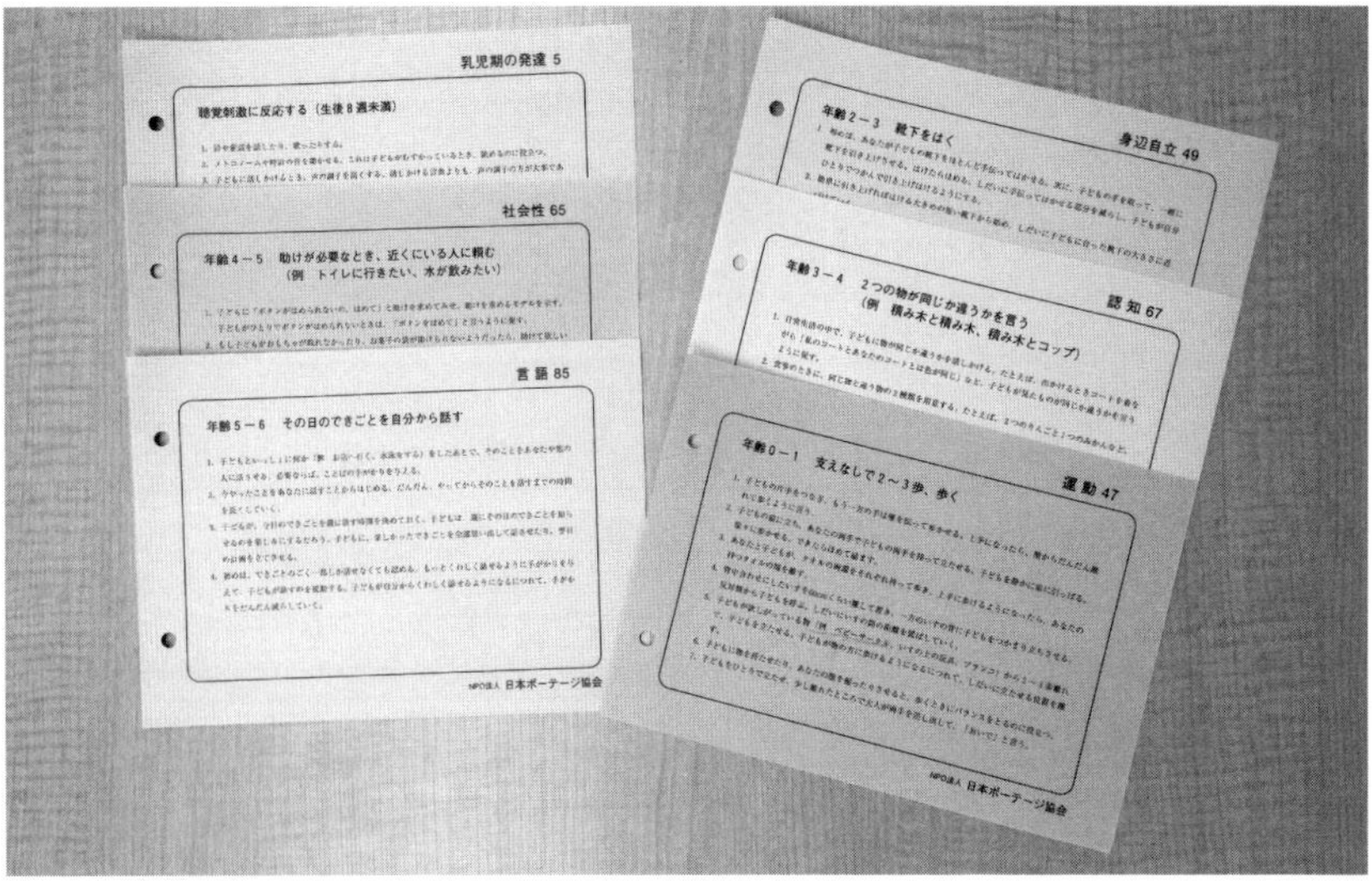

②　活動カード

一つひとつの行動目標を達成するための手順や援助のしかた、教材・教具などが1枚ずつカードにまとめられています。この活動カードは発達領域ごとに色分けされてファイルに綴じられていて、指導にあたって必要なカードを取り出して使います。

③　発達経過表

６つの発達領域における総数５７６項目の行動目標の達成状況を確かめるために、横軸に６つの発達領域、縦軸に０歳から６歳までの年齢を記し、１つの行動目標を１マスとして表にしたものです。たとえば、初回のアセスメントで達成が確かめられ評定欄に「○」がついた行動目標に対応するマスを、赤色で塗ります。そして、一定期間の指導後のアセスメントごとに色を変えて塗り足していくと、指導を繰り返すことによる発達の経過が一覧できます。また、発達領域の間にあらわれる発達の偏りなども確認できます。

④　利用の手引き

ポーテージプログラムの実際の使い方や理論が、簡単にまとめられている冊子です。

③発達経過表

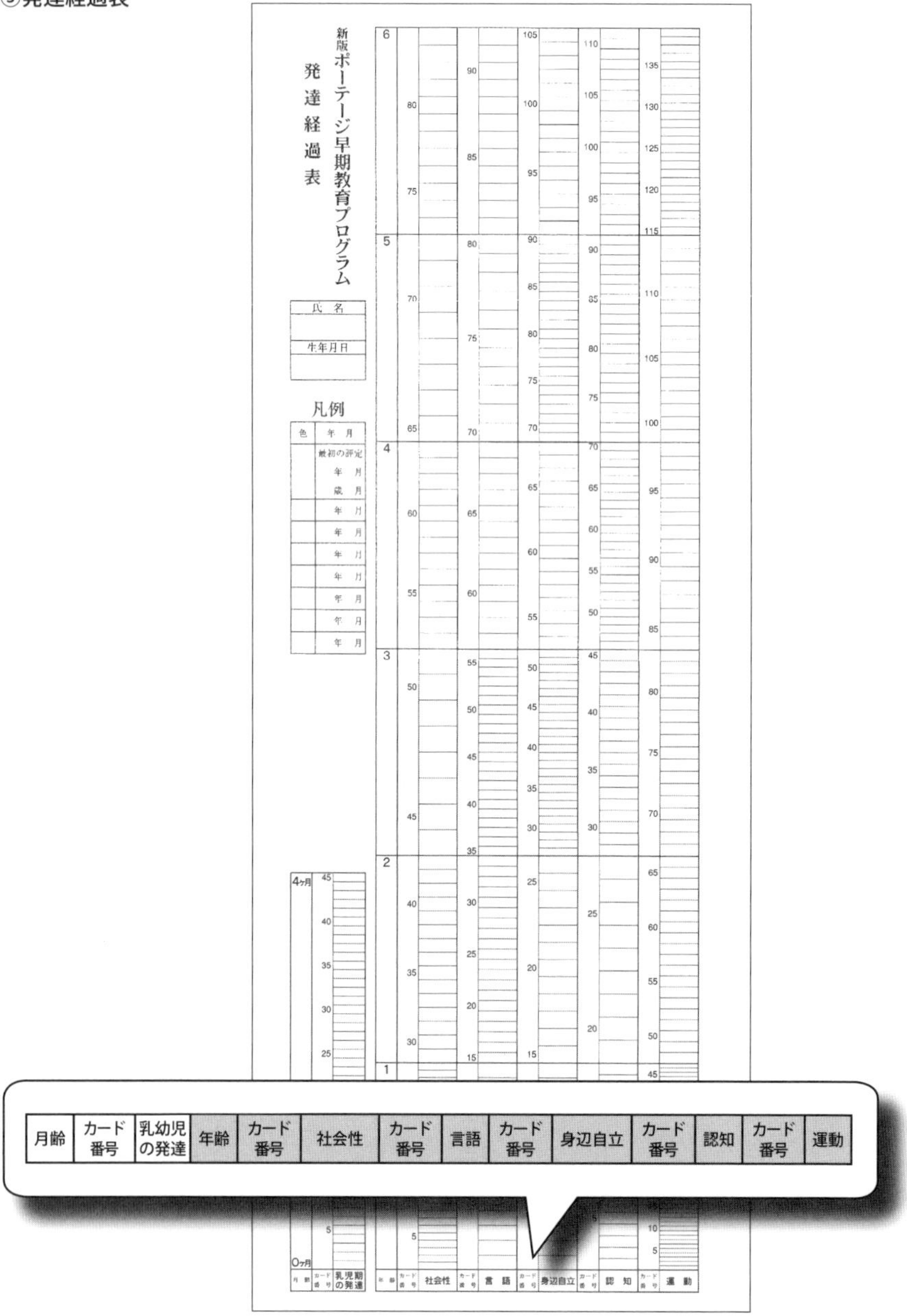

新版ポーテージ早期教育プログラム
発達経過表
氏名
生年月日
凡例
色
年月
最初の評定
年月
歳月
4ヶ月
0ヶ月
月齢
カード番号
乳幼児の発達
年齢
カード番号
社会性
カード番号
言語
カード番号
身辺自立
カード番号
認知
カード番号
運動

4 アセスメント—指導—評価の過程

ポーテージプログラムは、心理教育の観点を重視して早期対応を行うプログラムです。発達の状態をアセスメントして得られた情報をもとに、指導—評価の過程を繰り返すことによって、選び出した行動目標の達成を目指します。

指導はまず現在の子どもの発達の状態を正しく捉えるために、チェックリストやそのほかの方法を用いてアセスメントをすることからはじめます。

チェックリストの情報をもとに、子どものニーズに合った行動目標を選び出し、オーダーメイドの指導計画を作成し、アセスメント—指導—評価の過程を繰り返します。

1 アセスメント

アセスメントということばは、もともとは税金の額を決めるために、関連するさまざまな実態を調べたことに由来するようです。ここでは、発達の状態をさまざまな点から調べて、一人ひとりの子どもの発達の状態やニーズに応じた個別のプログラムを作るための情報を集めることをいいます。

ポーテージプログラムでは、チェックリストを使って子どもの現在の発達の状態を把握することや、親（保護者）や関連する機関などからの情報を参考にしながら、つぎのように多角的にアセスメントをします。

a　標準化検査によるアセスメント

必要であれば、ポーテージプログラムの有効性をアセスメントするために、発達検査や知能検査などの標準化検査を実施します。関連機関で標準化検査をすでに受けていれば、その結果を参照することで発達の状態を予測することができるでしょう。

また、指導した一定期間後に標準化検査をすることで、子どもの発達が促されたかどうかのアセスメントをすることができます。

b　行動観察などによるアセスメント

ポーテージ相談員が子どもの行動を直接に観察したり、親（保護者）から家庭でのようすを聴き取ることで、子どもの行動の特徴や学習のしかた、家族との関係などの情報を集めます。得られた情報は、子どもに合った指導環境の設定や課題の与え方、教材・教具のくふうなどに生かしていきます。また必要に応じて、親（保護者）のニーズや家族のアセスメントをします。

c　カリキュラムアセスメント

チェックリストを使って、各発達領域から子どものニーズに合った行動目標を選び出し、それらの行動目標の達成を目指してカリキュラムを作成します（第1章5参照）。

d　指導途中のアセスメント

選んだ行動目標が、達成に向けて確実に進んでいるかどうかをアセスメントします。課題分析（第1章8参照）によって細分化されたステップ（〝標的行動〟）のそれぞれについて、その達成を「活動チャート」（第1章9参照）による記録によって確かめるアセスメントです。また、家庭での指導の結果を記入する「ポーテージ家庭記録表」（第1章6参照）によってもアセスメントを行います。

2　行動目標を選択

アセスメントにもとづいて子どものニーズに応じた、適切な行動目標を選び出します（26ページ参照）。

3　具体的な指導計画

選んだ行動目標を達成するための指導計画を、子ども一人ひとりの発達の状態に合わせて作成します（第1章6参照）。

■ポーテージ相談の進め方

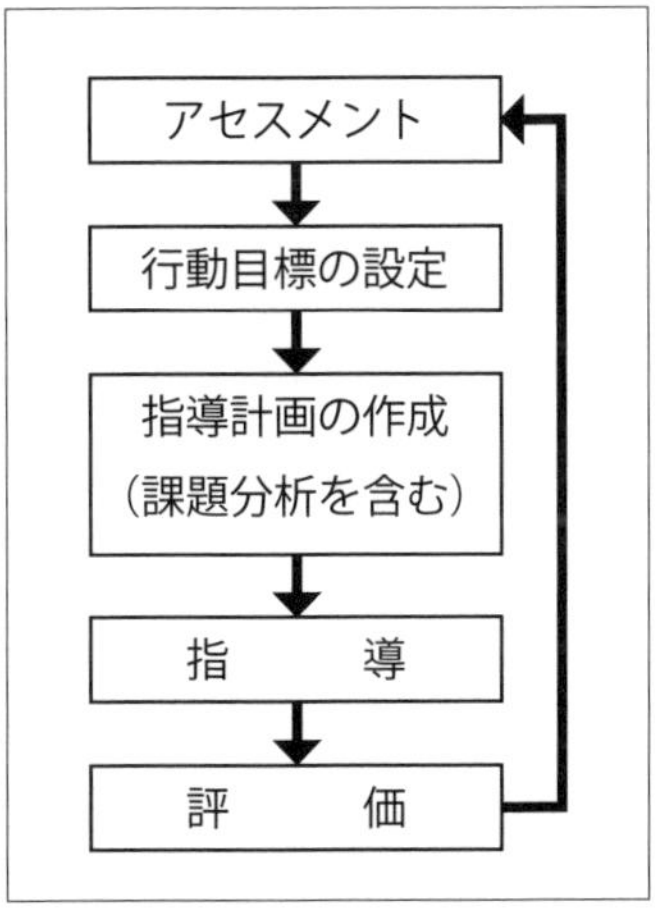

4　親（保護者）が行う家庭での指導

実際の指導は、家庭や子どもの日常生活の中で、子どもを取り巻く家族などの協力を得ながら親（保護者）が行います。

5　指導の評価とつぎの行動目標の選択

指導の結果、行動目標が達成されたかどうかを評価します。これが同時に、つぎの行動目標を選ぶアセスメントになります。達成されていればつぎの行動目標を選び出し、達成されていなければ、その理由を考えるとともに、改めて行動目標を設定します。

このようにして、アセスメント—指導—評価の過程を繰り返します。ポーテージ相談の面談の間隔は親（保護者）や家庭の状況に応じて決めます。

5 チェックリストを使うアセスメント

ポーテージ相談の進め方はアセスメントからはじまります。そのアセスメントの中でチェックリストを使うアセスメントを「カリキュラムアセスメント」と呼びます。チェックリストにある6つの発達領域の総数576の行動目標について、子どもの発達状態のアセスメントをポーテージ相談員と親（保護者）が協力して行います。これを参考に子どもの行動目標を選び出し、指導計画を立てます。チェックリストの〝備考〟欄には、指導経過を記録します。

1　チェックリストの記入

ポーテージ相談員と親（保護者）はそれぞれにチェックリストを持ち、必要な事項をそれぞれ記録していきます。チェックリストには、生育歴や既往歴、相談歴などの情報だけでなく、家族についての情報を記入する欄もあります。また、子どもが育つ環境（たとえば、保育園、現在通っている病院や利用している事業所など）についての情報も重要です。

2　行動目標のチェック（アセスメント）

親（保護者）とポーテージ相談員は、現在の子どもの実際の年齢より1歳前の年齢範囲に配置された行動目標を読み、〝最初の評定〟欄につぎのような記号でチェックします。

○：その行動ができている。
－：まだできていない。
△：50％くらい達成している。
？：やらせたことがないので不明である。

〝備考〟欄には観察して気がついたことや、親（保護者）から聴いた情報などを記入します。こうした情報も、行動目標を選び出すにあたって参考になります。

■『ポーテージ早期教育プログラムチェックリスト』の表紙

チェックリストによる発達状態のアセスメントは、ポーテージ相談員と親（保護者）が子どもを巡ってさまざまに話し合いながら進めていきます。このアセスメントの過程は、ポーテージ相談の重要な部分です。子どもの現在の発達の状態を知ることによって、よりよい指導の出発点を見出したり、指導を円滑に進めることが目的です。したがって、行動目標の達成の基準も、必要であれば子どもの発達の状態や障害の特徴に応じて変更してもかまいません。

また、576項目のすべての行動目標についてチェックをする必要はありません。〝最初の評定〟欄に10個くらい「－」が続いたら、そこでチェックをやめてつぎの発達領域のチェックに進みます。ただし、子どもの障害の特徴や発達の状態によって、発達領域ご

■チェックリストの記入例（発達領域「運動」）

年齢段階	カード番号	行動目標	最初の評定	目標達成年月日	生活年齢	備考
1−2	61	ひものついたおもちゃのひもを引いて歩く	○			
	62	揺り木馬や揺りいすに乗って揺らす	○			
	63	片手を支えられて、階段をのぼる	△	○H27.5.1	2:3	H27.3.1 もう一方の手は手すりが必要だ
	64	腰をかがめて物を拾い上げる	○			
	65	まねをして、円を描く動作をする	―	○H27.5.1	2:3	H27.3.1 肘を支えてやるとできる
	66	口の周りについた食べ物をなめる	○			
2−3	67	2分で大きなビーズを4個通す	―	○H27.6.1	2:4	H27.3.1 1個通す H27.4.1 2個通す
	68	ドアの取っ手などを回す	○			
	69	その場で両足跳びをする	―	○H27.6.1	2:4	H27.4.1 跳んでいるが、両足がばらばらに着地する
	70	ひとりで後ろ向きに2mくらい歩く	?			H27.3.1 観察したことがない
	71	片手を支えられて、階段をおりる	―			
	72	1.5mくらい離れた大人に、動かなくてもとれるボールを投げる	―			H27.3.1 人のいないところへは投げる
	73	積み木を6個積む	△			H27.5.1 5個つめる
	74	1ページずつ絵本をめくる	―			
	75	ひとりですべり台の階段をのぼり、1～2mすべる	○			
	76	まねをして、紙を半分に折る	―			
	77	ブロックなどを両手に持って、はめたりはずしたりする	―			
	78	びんのふたなどを回してはずす	―			
	79	置いてある大きなボールを蹴る	―			
	80	粘土を丸めて玉を作る	?			H27.4.1 粘土をさわるのをいやがっている

との行動目標の達成に偏りが著しいときなどには、「―」が連続した後でも、さらに高い年齢範囲にある行動目標に「○」がつくことがあります。発達状態のアセスメントは1回だけで終えるのではなく、とくに初回のアセスメントは時期をずらして何回かに分けて行うことで、発達の実態が確かに反映されるようにします。

3　アセスメントにもとづいた行動目標の選択

アセスメントの結果を参考に、親（保護者）と相談しながら家庭で取り組む行動目標を選びます。子どもが興味を持っている遊びや活動、親（保護者）の要望に沿った子どもの活動、いま身につけると子どもの生活に役立つと思われる実用的な技能など、子どもの発達を基本に考えて、無理のない行動目標を親（保護者）とともに選ぶことが重要です。

親（保護者）がポーテージプログラムに慣れてきたら、6つの発達領域（あるいは「乳児期の発達」の領域を除く5つの発達領域）から、それぞれ1つずつくらい行動目標を選び出すとよいでしょう。ときにはチェックリストに載っていない行動目標を、子どものニーズに応じて設定することもあります。

6 指導計画の作成

チェックリストを使ったアセスメントのほかに、ポーテージ相談員は子どもの行動を観察したり、親（保護者）から聴き取った情報を参考にして、親（保護者）とともに家庭で取り組む行動目標を選びます。

選び出した行動目標の実現のために、ポーテージ相談員は一人ひとりに応じた個別の指導計画を立てます。子どもにとっては負担が少なく取り組め、それほど時間をかけずに達成できそうな課題であること、親（保護者）にとっては〝子どもにうまく教えることができた〟という手ごたえや達成感が持てるような、指導計画を立てることがポイントです。

1　使う教材・遊具、援助の方法や回数などを決める

家庭で親（保護者）や家族が無理なく取り組めるような、実現可能な行動目標（課題）を選びます。

行動目標の達成には、家庭で活動するためのヒントが書いてある「活動カード」が役に立ちます。

いつ、どこで、だれと、何を使い、何回くらい行う、といった具体的な指導計画を、一人ひとりの子どもの発達状態のアセスメントをもとに立てます。たとえば、発達領域〈身辺自立22 靴を脱ぐ〉という行動目標では、〝朝、保育園の玄関と夕方、家庭の玄関で2回行う。かかとにリングのついた脱ぎやすい靴を使う。方法としてはお母さんが子どもの手を上から持って援助して脱ぐ〟といった具合です。

2 行動目標を細かいステップに分ける（「課題分析」）

発達に遅れや偏りのある子どもは、チェッ

■活動カード「発達領域〈身辺自立 22 靴を脱ぐ〉」

身辺自立 22

年齢1－2　靴を脱ぐ
（ひもやマジックテープははずしてやってもよい）

1. 初めは、子どもがふだんはいているものより、少し大きい靴を使う。
2. 靴を子どものつま先まではかせ、そこから脱ぐように促す。次に、少しずつ深くはかせてから脱がせ、最後は、全部はいたところから脱げるようにする。
3. 大人や人形などの靴を脱がせるように、子どもを促す。同じやり方で、子ども自身の靴を使ってくり返す。できたらほめる。
4. あなたが靴を脱げないふりをして、子どもに脱がせてくれるようにたのむ。できたらほめる。
5. 玄関のへりやいすなどに腰かけさせ、子どもの手を靴のかかとに持っていき、脱ぐように促す。

NPO法人 日本ポーテージ協会

クリストの行動目標をそのまま目標にすると、取り組むことがむずかしい場合があります。最終の行動目標に向かって、子どもの発達に応じて無理なくのぼって行ける小さな目標からなる階段（〝スモールステップ〟）を作ります。そして一段ごとに「やったね！ できた」と子どもをほめながら、先に進む気持ちを励まします。このように選び出した行動目標を細分化して小さな目標（〝標的行動〟）を設け、一段ごとに誤りなくのぼりながら、最終の行動目標を達成させる方法を「課題分析」と呼びます（第1章8参照）。

たとえば、まだ1人で靴を脱げない子どもに〈身辺自立22 靴を脱ぐ〉を教えようとする場合には、〝お母さんが子どもの手をかかとに持っていく〟という身体的援助からはじめ、しだいにその援助の量を減らすようにスモールステップを組みます。こうすれば親（保護者）も教えやすくなり、子どもが確実に靴を脱ぐことができるようになり、親と子どもがいっしょに目標を達成したことを喜び合えるでしょう。ほかの発達領域についても、必要であれば同じようにして課題分析を行います。

3 「ポーテージ家庭記録表」に指導の目標を書いて、親（保護者）に渡す

ポーテージ相談員は面談の際に、選び出した行動目標を行うときに親（保護者）が子どもにどう接するか、どのように教えようとするかを観察するためにまず親（保護者）にやってもらいます。〈身辺自立22 靴を脱ぐ〉であれば、親（保護者）が子どもにどうことばかけをするか、靴をどう脱がせようとするかを観察することによって、親（保護者）の取り組み方に応じて具体的に助言をします。

こうすることで親（保護者）をエンパワメント（力づけ）します。

ポーテージ相談員は、行動目標の課題を「ポーテージ家庭記録表」に書いて親（保護者）に渡します。この記録表には、家庭での取り組み方とその結果について親（保護者）が記録する欄があります。

4 「活動チャート」を作って親（保護者）に渡す

課題分析したステップの1つの標的目標を指導するときに、「活動チャート」という記録用紙を使うことがあります。選び出されたステップを、どこでどんな教材を使い、どんな援助で何回行い、どんなほめ方をするかなどを記載して親（保護者）に渡します。親（保護者）は、指導の結果を決められた記号で記録します。こ

■ポーテージ家庭記録表の書き方

	社会性	言語	身辺自立	認知	運動
課題	40　健太くんは、おやつのヨーグルトのスプーンをお母さんがとりに行き戻ってくるのを食卓で10秒座って待つ。1日1回。	17　絵本を読んだ後に、「これでおしまい」と声をかけると、健太くんは自分で本を閉じて終わりにする。1日1回。	22　お母さんが健太くんの手をかかとにもっていくと、あとは1人で脱ぐ。2回中2回。	24　置いてあるペグを指さすと、健太くんが5本目のペグをさす。3回中3回。健太くんが自分でささないときは、大人が手渡してやりましょう。	50「こっちだよ！」とお父さんが両手を差し出し声をかけると、お父さんにボールを転がす。3回中3回。
家庭でのようす					
備考					

の活動チャートを使うことで各ステップを誤りなく達成させ、ひいては最終の行動目標を確実に達成させる方法を〝精密指導法〟と呼びます。先にあげた「指導途中のアセスメント」です。

現在のステップがうまく達成されないときは、ステップを1つだけ戻して援助の量を増やし、必ず成功するようにすることが大切です。これを〝修正手続き〟（46ページ参照）といいます。

■活動チャートの記入例

子どもの氏名　健太くん

相談員氏名

指導期間　平成27年5月15日～5月21日

行動目標：身辺自立22

標的行動：

健太くんは、お母さんがかかとを指さすと
２回中２回、靴を脱ぐ

記録の方法：

○　かかとを指さすと、脱ぐ

△　健太くんの手をかかとに持っていくと、脱ぐ

回数＼日付	5/15	16	17	18	19	20	21	22
2	△	○	○	△	○	○	○	○
1	○	○	△	△	○	○	○	○

指導方法：

①　朝は保育園の玄関で、夕方は家の玄関で行いましょう。

②　履きなれた靴のかかとに、ひっぱりやすいようにリングをつけましょう。

③　「座って」「靴を脱いで」などと声をかけて、座らせて行いましょう。

④　脱げた直後に、健太くんの頭を撫でながら「すごい！やったね」などと言葉でほめ、チャートに○をつけます。

⑤　かかとを指さしても脱がないときは、健太くんの手をかかとに持っていき、脱ぐことを促します。それで脱いだときには、健太くんの頭を撫でながら「すごい！やったね」などと言葉でほめ、チャートに△をつけます。

⑥　朝と夕方の2回行いましょう。

⑦　おばあちゃんの家に行く機会があれば、そのときにもやってみましょう。

7 ポーテージ相談の3つの活動

ポーテージプログラムでは、子どもと親（保護者）とポーテージ相談員が、1週間に1回や隔週に1回あるいは月に1回など、一定期間ごとに会って面談をします。面談の間隔は、子どもの年齢や発達状態、家庭の事情などによって決められます。面談の場所は家庭や保育園、発達支援センターの相談室などさまざまですが、1回あたり60分から90分くらいの時間をかけるのが一般的です。

ポーテージ相談の3つの活動には、①アセスメントにもとづく活動、②般化・維持活動、③親（保護者）・家族活動があります。

■ポーテージ相談の3つの活動

- 子どものニーズに沿った行動目標を選び、その達成を目指す「アセスメントにもとづく活動」
- 子どもが習得した行動目標の日常生活での実用を目指す「般化・維持活動」

●親（保護者）のニーズに応じた情報の提供や親カウンセリングによる支援を行う「親（保護者）・家族活動」

毎回の面談に、この3つの活動をすべて行うわけではありません。そのときの状況によって、面談の内容や重点が変わります。

1　アセスメントにもとづく活動

つぎのような流れで、カリキュラムアセスメントの面談を行います。

①子どもを観察したり、チェックリストを使って子どもの発達状態をアセスメントしたり、親（保護者）からさまざまな聴き取りをします。

②家庭で取り組む行動目標を、親（保護者）といっしょにいくつか選び出します。

③その行動目標の達成を目指して、ポーテージ相談員と親（保護者）が話し合って、子どもの個別の指導計画を立てます。

■ポーテージ相談の3つの活動

アセスメントにもとづく活動	般化・維持活動	親（保護者）・家族活動
・「アセスメント→行動目標の設定→指導計画の作成→指導→評価」というポーテージ相談の流れに沿ったアセスメント－指導－評価の過程を繰り返す ・6つの発達領域における行動目標の達成を目指す	・習得した技能や行動を、日常生活の中で場面や機会が変わっても応用でき、時間が経過しても行えるように促す	・親（保護者）や家族が抱えるさまざまな問題の解決やニーズに応える支援を行う ・適時に必要な情報を提供する ・親（保護者）や家族のカウンセリング
家庭を中心とする指導環境 ・教材として家庭にあるものを活用　・日々の活動の中で指導		

ポーテージ相談員は面談のときにまず、子どもと親（保護者）の接し方やコミュニケーションのしかたなどを観察します。それらを参考にして、親（保護者）が家族の協力を得ながら家庭で取り組みやすいように具体的なプログラムを作り、記録用紙とともに親（保護者）に渡します。

④家庭では、つぎの面談の日までに取り組んだ結果を記録します。

⑤面談の際に、親（保護者）が提出した記録を見ながら話し合い、指導した結果をいっしょに確認します。うまく進んでいるようであればそれを評価し、つぎの行動目標を選びます。うまく進んでいない場合は、指導の方法を変更したり教材を変えることなどを提案して、話し合いながらプログラムを修正していきます。

2　般化・維持活動

子どもが達成した行動目標は、どのような場面でも適用できなければ実用的であるとはいえません。必要なときにいつでもできてこそ、意味があります。たとえば、〈身辺自立36 靴をはく〉という課題を達成した後で、その行動が実用的になるように、保育園や祖母の家の玄関でも靴がはけるように場面を広げるとか、サンダルや長靴がはけるようにします。これを〝般化〟（74ページ参照）と呼びます。

次々と新しい課題を達成することを目指すのではなく、身につけた技能や行動が場所や機会が変わっても日常生活の中で応用できたり、時間が過ぎても維持されるように促す指導をすることが重要なポイントです。

3　親（保護者）・家族活動

ポーテージ相談では、家族の全体を支援するという考えを大切にします。たとえば、子どもにみられる困った行動を減らしたいと親（保護者）が願っているときには、応用行動分析の原理を使って、その問題の解決に取り組むことがあります。また、必要であれば子ども本人だけではなく、そのきょうだいへの対応についても相談にのることもあります。

たとえば、きょうだいが「どうして○○ちゃんはまだ歩かないの？」と質問したときにどう答えたらよいかを、親（保護者）と話し合ったりします。このようにポーテージプログラムは、子どもの発達領域の行動目標の達成だけを目指すプログラムではありません。

親（保護者）のカウンセリングや就学など

■〈靴をはく〉の般化。長ぐつやサンダルにも挑戦！

に向けて必要な情報を集めて親（保護者）に知らせることも、ポーテージ相談員の大切な役割です。

■家族全体を支援するポーテージ相談員

8 課題分析の方法

「課題分析」は、応用行動分析の考え方にもとづいた方法です。行動目標（課題）は、子どもにとっても子どもを指導する親（保護者）にとっても、無理なく進められるように作られる必要があります。子どもに小さなステップに細分化した課題を順番に達成させることで、最終の行動目標を誤りなく達成させる方法を「課題分析」といいます。

ポーテージ相談員と親（保護者）が共通理解するために４つの要素①誰が、②何をする、③どんな条件のもとで、④どの程度じょうずに、を含む行動目標に書き換えます。

1　課題分析とは

チェックリストから選び出した行動目標がすぐに達成されそうにないときに、その行動目標を短期間に達成できるように、連続するステップ（〝標的行動〟）に細分化して指導します。

〈身辺自立15自分でスプーンを使って食べる〉という行動目標について、〝スプーンでご飯を食べる〟を例に考えてみましょう。この行動はつぎのようなステップに分けられます。

1　スプーンを持つ
2　スプーンを茶碗の中のご飯に近づける
3　スプーンでご飯をすくう
4　ご飯をのせたスプーンを口に運ぶ
5　口に入れてご飯を食べる

これは〝全課題提示法〟（134ページ参照）と呼ばれる課題分析の方法です。こうした一連の行動連鎖のステップごとに大人が援助をします。これを「プロンプト」といいます。子どもがそのステップができるようになったら、必要がなくなった援助を減らして（「フェイディング」）つぎのステップに進みます（第2章20参照）。親（保護者）が順番にステップを踏んで指導していけるようにします。

ポーテージプログラムでは、行動目標〈身辺自立15　自分でスプーンを使って食べる〉の課題分析は、つぎのようになります。

1、子どもは、お母さんがスプーンを持つ手の甲を上から持ってやると、ご飯をいっしょにすくい口に運び食べる。

2、子どもは、1人でスプーンを持ち、ご飯をすくうときだけお母さんがスプーンを持つ手の甲を上から持ってやると、ご飯をいっしょにすくい1人で口に運んで食べる。

3、子どもは、1人でスプーンを持ち、ご飯をすくい口に運んで食べる。

これは、しだいに身体的援助を減らす〝プロンプト・フェイディングによる課題分析〟です。

2 行動目標の書き換え（4つの要素）

課題分析を行うために、まず行動目標の書き換えを行います。チェックリストの行動目標の書き換えは、親（保護者）とポーテージ相談員が選び出した行動目標の達成の基準を共通に理解し、誰が読んでも同じ指導ができるようにするためで、つぎの4つの要素を含む行動目標に書き換えます。

4つの要素とは、「誰が」「何をする」「どんな条件のもとで」「どの程度じょうずに」です。

❶誰が：子どもの名前です。

■行動目標の書き換え

❶ 誰が	❷ 何をする	❸ どんな条件のもとで	❹ どの程度じょうずに
・子どもの名前	・行動の用語で記入	・場面状況 ・教材教具 ・援助 言語的援助 視覚的援助 身体的援助	・回数 （頻度・割合） ・潜時 ・持続時間

❷何をする：観察可能で測定可能な行動の用語を使って、「……する」というように書きます。

たとえば「赤を理解する」や「赤がわかる」は行動目標として適切ではありません。〝「赤はどれ」と聞かれると赤い色紙を指す〟や〝赤と青の色紙を２つの箱に分けて入れる〟とします。

❸どんな条件のもとで：どんな場面で指導するか、どんな教材・教具を使うか、どんな援助をするか（「身体的援助」「視覚的援助」「言語的援助」）などを書きます。

例１〈身辺自立72　自分が着ている衣服のボタンをはめる〉

〝ボタンをはめる〟という行動目標では、教材に直径１・５㎝のボタンを使い、子どもの指先に大人が手を添えてやるなどの「身体的援助」、ボタンホールを大人が指さすという「視覚的援助」、〝ひっぱって〟などの「言語的援助」をするなどの援助のタイプを書きます。

例２〈身辺自立22　靴を脱ぐ〉

〝靴を脱ぐ〟という行動目標では、かかとにリングをつけ

■課題分析の過程（例“ 靴を脱ぐ ”）

誰が	何をする	どんな条件のもとで	どの程度じょうずに
・健太	・靴を脱ぐ	・援助なしで ・かかとを指さすと ・健太の手をかかとに持っていくと ・健太の手を上から持ち、かかとをはずしてやると	（子どもにとって、することが困難な項目から容易な項目の順に書く） ・２回中２回
「誰が」（1）×「何をする」（1）×「どんな条件のもとで」（4）×「どの程度じょうずに」（1）＝４項目			

た靴を使うなどの教材のくふう、子どもの手の甲を上から持ってやる「身体的援助」、かかとを指さす「視覚的援助」、〝ここを持って〟という「言語的援助」などを書きます。

❹どの程度じょうずに：3回やって3回できる（回数）、2分間行う（持続時間）など、その行動が習得できたと判断できる達成の基準を書きます。

3 課題分析の過程

行動目標〈身辺自立22 靴を脱ぐ〉を例とした、課題分析の過程（40ページ図参照）では、「何をする」の項目が1つ、「どんな条件のもとで」の項目を4つあげました。そして「どの程度じょうずに」の項目が1つです。これを掛け合わせると4つのステップができます。これらのステップを、子どもにとって援助が大きいやさしいステップからむずかしいステップの順に並べていきます。

■課題分析のステップ

〈身辺自立 22 健太は、援助なしで、2回中2回、靴を脱ぐ〉

① 健太は、お母さんが健太の手を上から持ちかかとをはずしてやると、2回中2回、靴を脱ぐ。

② 健太は、お母さんが健太の手をかかとに持っていくと、2回中2回、靴を脱ぐ。

③ 健太は、お母さんがかかとを指さすと、2回中2回、靴を脱ぐ。

④ 健太は、援助なしで、2回中2回、靴を脱ぐ。

子どもにとって、することが容易なステップから困難なステップの順に書く

4　課題分析の例

子どもができるステップ①からはじめ、①のステップが達成できたら②へ進み、そして③へと大人の援助をしだいに減らしながら、最終の行動目標の〝援助なしで靴を脱ぐ〟まで進んでいきます。

最初に想定した通りに、指導が順調に進むとはかぎりません。さまざまな理由でたとえば②から③のステップへなかなか進まないことが起こるかもしれません。そのときにはステップ②と③の間に、もう1つ細かな標的行動のステップを加えるくふうが必要になってきます。あるいはそれと反対に、順調にステップを進み、必要がないと判断されたステップを跳び越えてさらに先のステップに進んでいくこともあります。子どもの状態に応じて、つまり指導の結果の記録にもとづいて、標的行動を臨機応変に修正していくことが大切です。

9 指導途中のアセスメント

指導途中のアセスメントとは、行動目標がその達成に向けてうまく進んでいるかどうかをみるアセスメントです。課題分析によって細分化した標的行動の1つについて、指導の方法や結果の記録のしかたなどを記載した「活動チャート」を使って、指導途中のアセスメントをします。

指導方法の中で、子どもに正しい反応が起きないときには、さらに援助が大きい1つ前の標的行動のステップに戻って指導する〝修正手続き〟を使います。

1 活動チャートとは

活動チャートは、ポーテージ相談員と親（保護者）が選び出した行動目標や標的行動と、その指導のしかたをわかりやすく書いたものです。家庭で子どもにその課題をどう指導したらいいのか、指導の結果をどのように記録すればいいのかを具体的に書いて、親（保護者）に渡します。活動チャートによって親（保護者）とポーテージ相談員の間でさまざまな情報を共有するとともに、親（保護者）による指導の結果を評価する記録として使います。

親（保護者）は、活動チャートに書かれた指導の方法に従って日常生活の中で指導を繰り返し、その指導の結果を、決められた記号で所定の欄に書き込みます。

2　活動チャートの記入

〝子どもの氏名〟には子どもの名前を、〝相談員氏名〟は担当するポーテージ相談員の名前を、そして〝指導期間〟には、選び出した課題の指導開始と指導終了の年月日を書きます。

●行動目標――選び出した行動目標の発達領域やカード番号を記入します。（❶）

●標的行動――課題分析により細分化したス

■「活動チャート」の記入のしかた

子どもの氏名 ＿＿＿＿＿＿＿＿

相談員氏名 ＿＿＿＿＿＿＿＿

指導期間　月　日～　月　日

行動目標：発達領域（　　　）**カード番号**

標的行動：
（誰が、何をするか、
どんな条件のもとで、どの程度じょうずに）

記録の方法：
使用される記号を示し
それが何を意味するかを書く

指導方法：
次の事項が含まれること
① 活動の場所（重要な時のみ）
② 教材・教具とその使い方
③ 教材をどのように提示し、子どもにどう反応させるか
④ 正しい反応をどのように強化し、どのように記録するか
⑤ 修正手続きとして、どのタイプの援助を使用し、それをどのように記録するか
⑥ 毎日何回指導するか
⑦ 般化のための活動

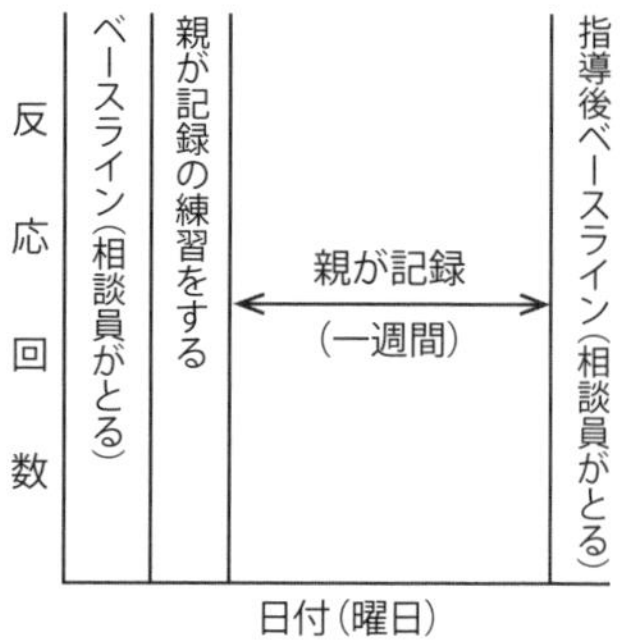

テップの1つで、「誰が」「何をする」「どのような条件のもとで」「どの程度じょうずに」の4つの要素を含んで書きます。(❷)

●**記録の方法**——指導の結果を記録するときに使う凡例とその意味を記入します。記号を用いて右上部のスペースに指導の結果を記録します。記録は1週間くらいを目安にするとよいでしょう。行動目標の指導前の達成の状況(〝ベースライン〟)と、一定期間の指導後の達成の状況(〝ポストベースライン〟)も書き込めるようになっています。親(保護者)が記録をとることが負担にならないように、さまざまにくふうする必要があるでしょう。(❸)

●**指導方法**——親(保護者)が家庭で子どもをどう指導すればよいのかを、つぎの7項目を含んで具体的に書きます。(❹)

①活動の場所

■「活動チャート」記入例

子どもの氏名　健太くん

相談員氏名

指導期間　平成27年5月15日～5月21日

❶ 行動目標:身辺自立22

❷ 標的行動:
健太くんは、お母さんがかかとを指さすと
2回中2回、靴を脱ぐ

❸ 記録の方法:
○　かかとを指さすと、脱ぐ
△　健太くんの手をかかとに持っていくと、脱ぐ

回数	5/15	16	17	18	19	20	21	22
2	△	○	○	△	○	○	○	○
1	○	○	△	△	○	○	○	○
日付	5/15	16	17	18	19	20	21	22

❹ 指導方法:
①　朝は保育園の玄関で、夕方は家の玄関で行いましょう。
②　履きなれた靴のかかとに、ひっぱりやすいようにリングをつけましょう。
③　「座って」「靴を脱いで」などと声をかけて、座らせて行いましょう。
④　脱げた直後に、健太くんの頭を撫でながら「すごい！やったね」などと言葉でほめ、チャートに○をつけます。
⑤　かかとを指さしても脱がないときは、健太くんの手をかかとに持っていき、脱ぐことを促します。それで脱いだときには、健太くんの頭を撫でながら「すごい！やったね」などと言葉でほめ、チャートに△をつけます。
⑥　朝と夕方の2回行いましょう。
⑦　おばあちゃんの家に行く機会があれば、そのときにもやってみましょう。

②教材・教具とその使い方
③教材をどのように提示し、子どもにどう反応させるか。
④正しい反応をどのように強化し、どのように記録するか。
⑤修正手続きの選択とそれをどのように記録するか。
⑥指導回数
⑦般化のための活動

〝指導方法〟の内容について、行動目標〈身辺自立22 靴を脱ぐ〉を例に、説明します。

①活動の場所：とくに重要なときに書きます。〝靴を脱ぐ〟という行動目標では、保育園と家の玄関で行うことを書きます。

②教材・教具とその使い方：はきなれた靴を使うことや、靴をひっぱりやすいようにかかとにリングをつけるくふうなどを書きます。

③教材をどのように提示し、子どもにどう反応させるか：声かけをして注意を向けさせ、座らせて行うなどと書きます。

④正しい反応をどのように強化し、どのように記録するか：靴を脱いだ直後に、子どもの頭を撫でるなど子どもが喜ぶほめ方を書きます。靴を脱いだら、記入欄に「○」をつけます。

⑤修正手続きの選択とそれをどのように記録するか：修正手続きとは、現在の援助の量で指導をし

ても子どもに正しい反応が起きないときに、別のタイプの援助を使ったり、さらに大きな量の援助を与えて正しい反応を起こさせて、子どもが強化を受ける機会を確保しようとする手続きです。具体的には、指導中の標的行動のステップの1つ前の援助の量がもっと大きなステップを指導することで、子どもが確実に強化を受けることです。指導中の標的行動がみられたときは「○」、1つ前のステップに戻ってその標的行動がみられたときは「△」などを記録します。〝靴を脱ぐ〟という行動目標では、現在の標的行動である〝かかとを指さして〟も靴を脱がないときは、さらに援助の大きい1つ前のステップの〝子どもの手をかかとに持っていき〟脱ぐことを促し、靴が脱げたら、子どもの頭を撫でて強化し、記入欄には「△」をつけます。

⑥指導回数：親（保護者）が日常生活の中で無理なく子どもを指導できる回数を書きます。朝と夕方の2回行うなどと書きます。

⑦般化のための活動：指導した人や指導した場面以外で、達成した課題の般化を促すような活動を書きます。〝おばあちゃんの家に行ったときにも靴を脱ぐことをやってみる〟などと書きます。

10 記録をとりながら指導を進める

ポーテージ相談では、選び出した行動目標の指導のしかたや結果の記録のしかたをポーテージ相談員が口頭で説明するだけでなく、「ポーテージ家庭記録表」や「活動チャート」を作成して親（保護者）に渡し、次回の面談のときまで家庭で記録をとりながら指導をし、次回それを持参するようにお願いします。こうすれば、記録にもとづく意思決定をする〝エビデンス・ベースト・アプローチ〟が実践できます。

これらの記録用紙をとおして、家族や子どもの療育にたずさわる協力を得られる人たちに、子どもが達成を目指している行動目標や指導計画を、実際に知ってもらうことができます。

1 ポーテージ家庭記録表

次回の面談まで家庭で取り組む発達領域の行動目標を、必要であれば課題分析をした無理のない標的行動のステップにして、誰が読んでも同じように指導ができるように書いて親(保護者)に渡します。

この記録用紙には、選び出された行動目標に対応して、〝家庭でのようす〟を書く欄があり、そこに親(保護者)が子どものようすを記入します。そのほかに何か気づいたことや気がかりなことがあれば、備考欄に書きます。

面談のときにこの記録を読みながら、ポーテージ相談員は行動目標の達成の状況や親(保護者)のニーズなどについて話し合います。

2 活動チャートの効果

活動チャートを使うと、親(保護者)とポーテージ相談員の間で、行動目標の指導のしか

■ポーテージ家庭記録表の書き方

	社会性	言語	身辺自立	認知	運動
課題	40 健太くんは、おやつのヨーグルトのスプーンをお母さんがとりに行き戻ってくるのを食卓で10秒座って待つ。1日1回。	17 絵本を読んだ後に、「これでおしまい」と声をかけると、健太くんは自分で本を閉じて終わりにする。1日1回。	22 お母さんが健太くんの手をかかとにもっていくと、あとはひとりで脱ぐ。2回中2回。	24 置いてあるペグを指さすと、健太くんが5本目のペグをさす。3回中3回。健太くんが自分でささないときは、大人が手渡してやりましょう。	50「こっちだよ!」とお父さんが両手を差し出し声をかけると、お父さんにボールを転がす。3回中3回。
家庭でのようす	9/23 「待っていてね」と声かけをして、急いで帰ってくるまで、大きな声を出していましたが、5秒は待っていました。 9/25 きょうは、少しも待てずに泣いていました。	9/23 本を投げて泣く。また別の本を持ってくるので、読んでやってしまいました。 9/27 きょうは終わりにできました。自分でも「……まい」といっていました。	9/23 自分でマジックテープをはずしました。 9/25 ママのかばんのファスナーを開けようとしていました。	9/25 指さしをしてもペグをささないので、ペグを手渡しました。その後で投げはじめたので、「おしまい」といって片づけました。 9/29 健太は、指さしてやると、にこにこ笑顔で5本目もさせました。	9/28 いとこのお兄ちゃんも一緒に遊んでくれて、大喜びでした。声かけだけで、ボールを転がしました。 9/29 ひとりでソファにのぼるようになってきました。
備考	10/1 風邪をひいて熱が出て、病院にいきました。 10/2 療育センターで PT と OT の指導を受ける予定です。 このごろ、気に入らないと頭をごんごん床に打ちつける行動がみられることが気になります。				

た、記録の方法、強化などについて共通理解が得られます。活動チャートが具体的に書かれていれば、親（保護者）はポーテージ相談員に会わない期間に、指導の方法やその結果を自分で振り返りながら、指導が進められます。そして、子どもの行動発達の進歩のようすが親（保護者）とポーテージ相談員にフィードバックされるので、指導計画の修正も適切に行えます。

11 指導後のアセスメント

1週間あるいは2週間、ときには1カ月の間、親（保護者）は指導計画をもとに日常生活の中で子どもの指導を行い、家庭で取り組んだ指導の結果を先にあげた「ポーテージ家庭記録表」や「活動チャート」に記録し、ポーテージ相談員との面談のときにそれをもとに話し合います。

ポーテージ相談の過程の中で、この指導後のアセスメントは、つぎの新しい行動目標を選ぶためのスタートにもなっています。

1 家庭での指導の報告を受ける

ポーテージ相談員は、「ポーテージ家庭記録表」や「活動チャート」の記録とともに、親（保護者）から家庭での指導のようすについて報告を受けます。こうした面談のときに、子どもの指導を実際に親（保護者）に行ってもらって、行動目標がどれくらい達成できているかを評価します。必要であれば、指導をさらに円滑に進めるためにアドバイスをします。

2　つぎの目標設定をする

家庭での指導の評価は、同時につぎの目標を選ぶためのアセスメントでもあります。たとえば、発達領域〈身辺自立22 靴を脱ぐ〉が、健太くんの場合は、つぎのように4ステップに課題分析してありました。

■4つのステップ

1、健太は、お母さんが健太の手の甲の上から手を添えてかかとをはずしてやると、2回中2回靴を脱ぐ
2、健太は、お母さんが健太の手首を持ってかかとに持っていってやると、2回中2回靴を脱ぐ
3、健太は、お母さんが健太のかかとを指さすと、2回中2回靴を脱ぐ
4、健太は、援助なしで2回中2回靴を脱ぐ

ステップ2〝健太は、お母さんが健太の手首を持ってかかとに持っていってやると、2回中2回靴を脱ぐ〟を家庭で親（保護者）が取り組んだ結果、2回中2回靴を脱ぐ行動が観察されるようになり、

記録によって基準に達成したことが確認されたので、ステップ３〝健太は、お母さんが健太のかかとを指さすと、２回中２回靴を脱ぐ〟をつぎの目標として設定しました。

その後も指導が順調に進み、ステップ４まで達成して、まったく援助がなくても１人で靴を脱ぐことが確認できました。こうして健太くんの行動目標〈身辺自立22 靴を脱ぐ〉については、チェックリストに「○」印を記入するとともに、目標達成年月日の欄にその日付を書き込みました。

行動目標の達成が順調に進まないときには、援助の方法、教材・教具、取り組んだ行動目標が適切だったかどうかなどについて親（保護者）と話し合い、援助のタイプや量を変えたり、教材や教具をくふうすることも大事です。また、ときにはその選び出した行動目標を一度とりやめて、別の行動目標に変えてようすを見てもよいでしょう。いずれにしてもつぎの行動目標は、記録にもとづくアセスメントによって決めていきます。

３　発達経過表とそのほかの記録

達成された行動目標については、そのたびにチェックリストに「○」印とその達成年月日を記入します。そして一定期間内に達成された行動目標については、定期的に（た

もう１週間やってみましょうか？
はい、やってみます

とえば2カ月や3カ月ごとに）発達経過表に色分けして記入します。こうして指導の経過と達成の状況が一覧できることで、発達領域の間の発達の偏りや発達が促進された年齢などの情報を得ることができます。そのほかにも、ポーテージ相談員が子どもの指導経過を記録する「指導経過記録表」なども活用します。

4　総合的な発達相談と家族支援

ポーテージプログラムでは、アセスメントにもとづきチェックリストの行動目標の達成を目指すだけでなく、第1章7で述べたように、般化・維持活動、親（保護者）・家族活動なども重視します。家族が協力し合い、親（保護者）が中心となって子育てが円滑に進められるように、ポーテージ相談員は総合的な観点から発達相談と家族支援を行います。

■発達経過表の記入例

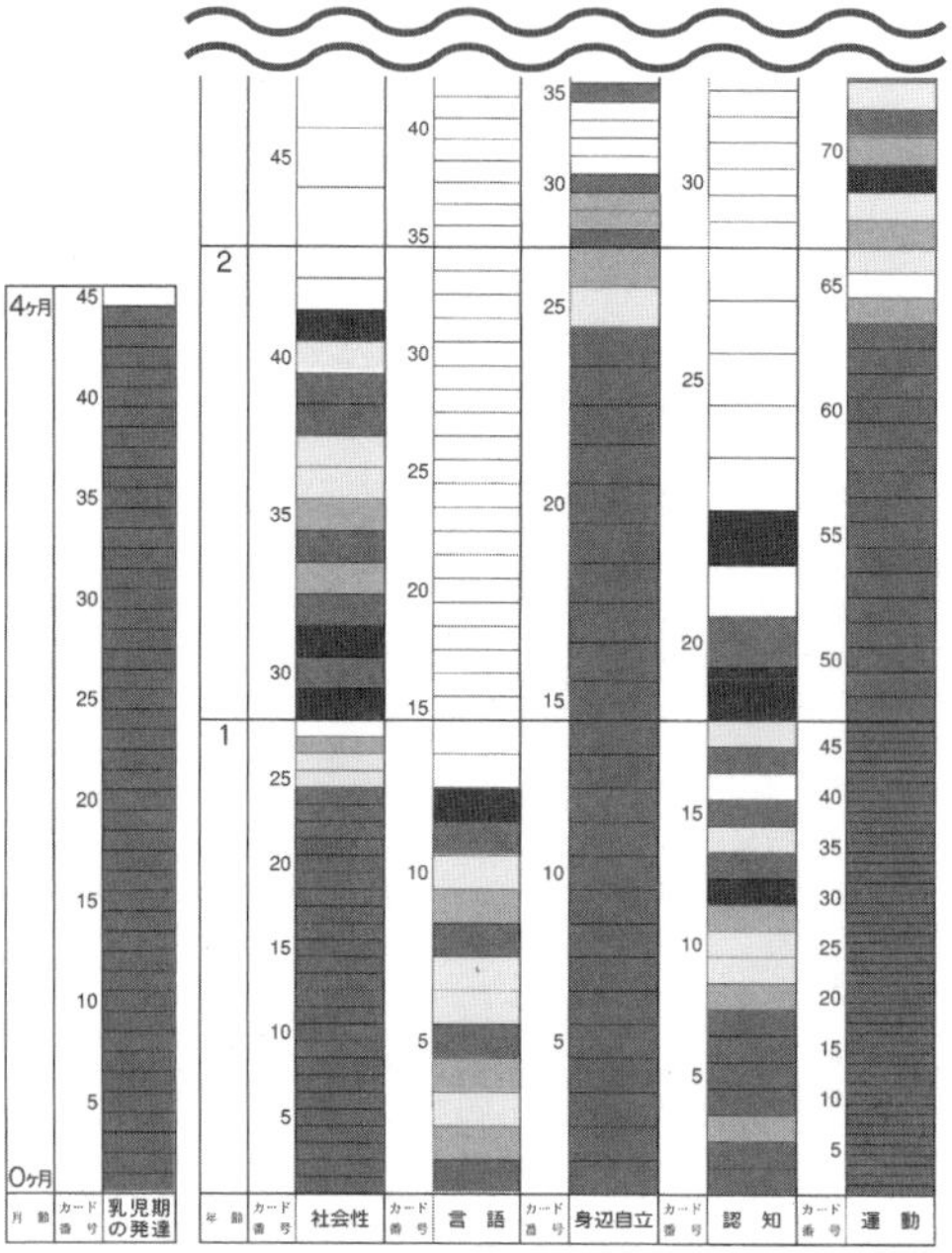

第2章

応用行動分析を使ったポーテージテクニック

12 子どもの行動と環境との相互作用

20世紀の初頭に、アメリカ合衆国の心理学者J・B・ワトソンは、これからの心理学は目に見えない〝こころ〟や〝意識〟を対象にするのではなく、観察できる「行動」を対象にして、環境の中にある「刺激」と個体の「行動」との関係を研究する〝行動の科学〟であるべきだと主張しました。これが〝行動主義〟の提唱でした。

１９３０年代になると、アメリカ合衆国の心理学者B・F・スキナーはワトソンのこの行動主義を引き継いで、ハトやネズミなどの実験動物を使って「行動の原理」を解明する研究をはじめました。これが〝実験行動分析〟といわれ、やがて縮めて〝行動分析〟と呼ばれるようになりました。

1 行動の心理学──応用行動分析

この行動分析に対して〝応用行動分析〟は、統制された実験環境ではなく、実際の日常生活の中で、環境との相互作用をとおして、個体（子ども）がどのように行動するかを研究する分野としてはじまりました。1968年に創刊された『応用行動分析学雑誌』の第1巻第1号に、アメリカ合衆国の心理学者のドナルド・ベア、モントローズ・ウォルフ、トッド・リスレイの3人が「応用行動分析学のいくつかの次元について」という論文の中で、応用行動分析学の目的や特徴を述べています。これが応用行動分析学の起点です。

ここでいう「行動」とは、狭い定義では、観察でき測定できる活動や動作をいいます。もっとも広い定義では、「行動」とは生きている人間のすべての営みを指します。ポーテージ相談では〝言語〟〝思考〟〝感情〟のような、他者からは直接に観察されない行動も対象にして、対象になった行動を増やしたり減らしたり、あるいはそれまでその子どものレパートリーにはなかった新しい行動を形成することを指導の目標にしています。

2　行動と環境

子どもは置かれた環境と相互にかかわりを繰り返す中で、行動を学習していきます。そこで学習される行動は、「レスポンデント行動」と「オペラント行動」の2つに分けられます。

簡単にいうとレスポンデント行動とは、新しい刺激に誘発されるようになった唾液分泌などの腺反応や瞬き反応などの自律神経系の反応をいいます。ロシアの生理学者イワン・パブロフは、犬を使った実験で、ベルの音に肉片を繰り返し後続させることによって、新しい刺激であるベルの音が唾液分泌を〝誘発〟するように学習させました。

もう1つのオペラント行動とは、骨格筋がかかわるような粗大な行動をいいます。行動分析学を創始したB・F・スキナーは、スキナーボックスという実験箱を用いて、ハトの窓つつき行動を観察しました。そこで〝青ランプ〟が点いたときに〝窓をつつく〟と〝餌がある〟ことを学習したハトは、〝窓をつつく〟（行動）の〝自発〟が増加することを実証しました。この実験では、青と赤のランプが使われていました。

- 青ランプ（刺激）→窓をつつく（行動）→餌あり（結果）
- 赤ランプ（刺激）→窓をつつく（行動）→餌なし（結果）

3 効果の法則

応用行動分析は、「立つ」「座る」「歩く」など粗大な行動や動作などのオペラント行動を扱います。個体（子ども）が環境の中である行動を起こしたことで、その個体にとって望ましい結果が得られると、その結果によってその行動が増加することを「効果の法則」といいます。この〝ある行動が増加するかどうかは、その行動の効果（結果）に依存する〟という発見が、「強化の原理」の基礎になっています。

子どもの行動を理解するには、その子どもの行動の起き方や働き（機能）を、科学的な視点から捉える必要があります。置かれた環境の中で子どもは〝なぜそのように行動するのか〟を知ることが、適切な支援を行うためにもっとも重要なポイントです。

4　行動発達の子育て

応用行動分析では、行動を育てる子育てを大切にします。子どもの「やめてほしい行動」に対して、こころに問題があるとして叱る、諭すなどといった〝しつけ的な対応〟をするのではなく、「よい行動」や「してほしい行動」をしたら、その直後に子どもにとってよい結果を与えたり、好きな活動ができるように対応します。その対応によって子どもの「よい行動」や「してほしい行動」の増加を試みます。

子どもの行動の原因を環境の中に求め、「よい行動」や「してほしい行動」「してほしくない行動」や「やめてほしい行動」を取り上げて、指導目標である行動目標の達成を目指して、行動発達を実現する子育て支援を進めます。

13 応用行動分析の基礎

応用行動分析は、日常の生活の中で起こる行動を取り上げ、その行動がどんなきっかけ（できごと・刺激）で起こり、その行動に周囲の人たちがどのように対応しているかを調べることによって、その行動がいつ起こるかを予想したり、起こり方を制御する働きかけを行います。行動を制御する方法には、①〝行動を増やす〟（強化）、②〝行動を減らす〟（罰や弱化）、③〝行動を広げる〟（般化）があります。

1　強化の原理

〝強化〟とは、行動することで生じた何らかの変化によって、その〝行動が増える〟あるいは〝起こりやすくなる〟ことです。たとえば、女の子が部屋の片づけをしていると、お母さんがとてもほめてくれました。女の子はうれしくなって、その後自分から片づけをするようになりました。この場合、お母さんにほめられたことがごぼうび（強化子）となって片づけるという行動を〝強化〟したといえます。

〝罰あるいは弱化〟は強化の逆で、その変化によって、その〝行動が減る〟あるいは〝起こりにくくなる〟ことです。そこで生じている変化とは、それまでになかったものが出現したり増加すること、あるいはそれまでにあったものが消失したり減少することを意味します。

たとえば、男の子が部屋の片づけをしているときにおもちゃを壊してしまいました。お母さんは、つい男の子をきつく叱ってしまいました。男の子はそれっきり、片づけをやめてしまいました。男の子の「片づける」という行動が、お母さんに叱られるという不快なできごとが後続した結果として減少してしまったのです。

このように「強化の原理」とは、行動の結果として生じる変化がその後の行動の起こり方に影響を及ぼすことをいいます。行動の直後に、行動を起こした人にとって〝よいことがもたらされる〟か〝嫌なことがなくなる〟と、その行動は増加します。その行動が継続して起こってい

■強化の例

■罰・弱化の例

るとき、その行動は〝強化〟されているといいます。

2　行動随伴性

ある条件のもとで、ある行動をすると、ある環境の変化が起こる（「直前のきっかけ（できごと・刺激）→行動→直後の結果」）という行動と環境との関係を〝三項随伴性〟と呼びます。

行動随伴性には、行動内在型と付加型の2つがあります。行動が起こるとその後に続いて自然に強化子が提示されたり嫌悪刺激が取り除かれる場合（行動内在型）と、行動が起こるとそれに続いて、同じ環境の中にいる誰かが強化子を提示したり嫌悪刺激を取り除く場合（付加型）があります。たとえば行動内在型では、のどが渇いたときに水を飲む行動は、その行動自体がのどの渇きをうるおすので、のどが渇いたときに水を飲む行動は増えていきます。付加型ではたとえば、子どもの名前を呼んで「はい」と返事をしたらほめてやることで、子どもが「はい」と返事をする行動を増やすことができるでしょう。この行動随伴性は、応用行動分析のもっとも重要な概念です。

行動が起こったらその後に続けて提示するとその行動を増加させる刺激を〝強化子〟あるいは〝強化刺激〟といい、反対に行動を減少させる刺激を〝罰刺激〟あるいは〝嫌悪刺激〟といいます。

3　状況要因

子どもの行動の起こり方に影響を及ぼす要因は、直前のきっかけや直後の結果のほかにもあります。

たとえば、子どもが課題に取り組む行動は、そのときの体調（生理的状況）、親（保護者）の存在（社会的状況）、気温（物理的状況）などの影響を受けるかもしれません。これらは〝状況要因〟といわれます。

「直前のきっかけ（刺激・できごと）→行動→直後の結果」という三項随伴性を変えるほかにも、状況要因が変わることによって、子どもが課題に取り組む行動が増えたり減ったりすることがあります。たとえば、子どもが寝不足だったり、親（保護者）がそばで見ていたり、部屋の温度が低かったりすることによって、課題に取り組む行動が増えたり減ったりするでしょう。

14 チェックリストの行動目標

ポーテージプログラムは、心理教育の領域の早期からの対応プログラムであり、行動的アプローチを実践します。発達に遅れや偏りのある子どもの発達を支援するにあたって、子どもの発達アセスメントから得られた情報をもとに、適切な行動目標を選び出し、子ども一人ひとりのニーズに合った個別の支援計画を作ります。

指導の目標の枠組みになるのが、チェックリストにあげられた行動目標です。家庭という親（保護者）と子どもにとって慣れ親しんだ〝自然な環境〟で、親（保護者）と家族が中心になって、行動目標の達成を目指します。

1　指導目標としての行動目標

576項目のすべての行動目標はチェックリストの各発達領域に配置されているとともに、1項目ずつ活動カードに書かれています（16ページ参照）。行動目標は行動の用語で書かれていることが必要で、たとえば「走らない」（非行動）、「よだれを垂らしている」（状態）、「泣かされる」（受け身）などの記述は、行動目標として適切ではありません。また行動目標は、たとえば「床にひっくり返って、泣き出して、大声を出す」という行動連鎖を、「床にひっくり返る」「泣き出す」「大声を出す」という1つずつの行動に分けて記述します。

2　ニーズに応じた早期支援計画

早期支援計画は、その目的や手続き、期待される効果が子どもと親（保護者）や家族を含む社会にとって受け入れられるものでなければなりません。子どものニーズに適切に即した支援計画の作成が求められます。その意味でいつも、社会の中でその行動目標が受け入れられるかどうかという観点に照らすことが大切です。

行動目標を決めるときには、親（保護者）や保育園の保育士とポーテージ相談員との間で、共通理解が必要です。さらに親（保護者）にとって実行しやすいか、子どもにとって負担が少ないか、子どもの人生を豊かにするか、親（保護者）や家族など周囲の人たちの人生を豊かにするかなどが重要な観点です。

3　エビデンス・ベースト・アプローチ

行動目標は、つぎの6つに分類して設定するとよいでしょう。これらは子どもに応じて違います。

・してほしい行動（例「名前を呼ぶと返事をする」）
・望ましい行動（例「ひとりで着替えをする」）
・してほしくない行動（例「つかんだものを投げる」）
・望ましくない行動（例「友だちのクレヨンを取り上げる」）
・やめてほしい行動（例「頭を壁に打ちつける」「手首を噛む」などの自傷行動）
・認められない行動（例「刃物を振り回す」「嫌いな食べ物を捨てる」などの危険行動）

ここにあげたようなさまざまな行動目標の指導を展開する過程で、ポーテージプログラムでは「活動チャート」などを使って、指導の結果の観察・記録をとおして意思決定を行うエビデンス・ベースト・アプローチを採用し、指導に対する社会的責任を果たそうとしています。そして一定期間ごとに、行動目標や課題分析によって細分化された標的行動を見直し、必要に応じて、早期からの支援計画の内容を修正していきます。

15 子どもの日常環境の調整

子どもの行動は、周囲の環境との相互作用によって形成され、維持されています。子どもの行動に影響を及ぼしている、その行動に先行する「直前のきっかけ（できごと・刺激）」とその行動に後続する「直後の結果」がわかれば、それらを変えることによって、子どもの行動を変えることができます。

子どもの行動だけを取り出して、無理に変えようとしても実現性がありません。それよりも親（保護者）の側の行動を変えたり、周囲の環境を調整することを考える必要があります。

1 環境の構造化

子どもの行動目標が現れやすい環境を設定することを、〝環境の構造化〟といいます。子どもが活動を行いやすくする構造化には、たとえば、先生に注意が向けやすいように子どもの机の位置を変える（物理的）、1日のスケジュールを図示する（時間的）などが考えられます。

また、子どもが好きなものや必要なものを環境の中に埋め込んでおけば、子どもは行動を起こしやすくなるでしょうし、強化を受ける機会も多くなり、さらに子どもが習得した行動の般化が促されやすくなります。

2　機会利用型指導の活用

〝子どもが好きなものや必要なものを環境の中に埋め込んでおく〟とは、たとえば子どもがいつも遊んでいるお気に入りのおもちゃのトラックを、目には見えるけれども手の届かない棚の上に置くようなことですが、子どもがそれを見つけてお母さんに近寄ってきたときが、指導のチャンスです。子どもの反応に応じて「ちょうだい」ということばやサインを教え、それができたらその好きなトラックを子ど

■先生に注意が向けやすいように机の位置を決める

もに与えます。

これを繰り返せば、ほかの場面や物についても、「ちょうだい」ということばやサインを自発的に使用することができるようになり、また般化（74ページ参照）が起こりやすくなります。このように、子どもがみずから作り出した機会を利用する指導を、〝機会利用型指導〟といいます。機会利用型指導は、般化を促す指導法としてもよく知られています。

3　親（保護者）中心アプローチと家族の協力

ポーテージ相談の親（保護者）中心アプローチでは、応用行動分析の原理とテクニックを習得した親（保護者）に、文字通り中心に座ってもらって、ポーテージ相談

■機会利用型指導

員は親（保護者）と子どもとのかかわりを観察します。そこで、後で述べるようなＡＢＣ分析や機能アセスメントなどをとおして（第２章21参照）、親（保護者）が自分の子どもの行動の特徴をつかみ、どうすればうまく子どもとかかわれるかという具体的な手立てが見出せたときが、子どもへの実践的な対応が準備できたときだといえるでしょう。親（保護者）が捉えた子どもの行動や発達の現状を家族に伝えることによって、よりよい家族の協力が得られるようになります。子どもの発達支援に向けて親（保護者）をエンパワメントし、家族の資源をおおいに活用しましょう。

16

子どもに「してほしい行動」を増やす

日常生活の中で子どもたちは、多くの「してほしい行動」や「適切行動」をすでに行っています。周囲にいる人たちはそれらの行動ができて当たり前だと思ってしまって、十分な対応がなされていないことがあります。「してほしくない行動」や「やめてほしい行動」が目立ち過ぎて、それらに注意が向いてしまうからでしょう。まず、子どもに見られる「してほしい行動」を書き出してみて、その行動が起こったら強化します。子どもの環境を豊かにした上で、「してほしい行動」や、チェックリストの行動目標の指導をはじめます。

1　行動の社会的妥当性

応用行動分析では、「してほしい行動」が少ないときに、その行動を増やす働きかけをします。そして「してほしくない行動」が多いときには、その行動を減らす働きかけをするという、プラグマティク（実用主義的）な合理的な考え方があります。子どもの周囲にいる人たちが、子どもが示すその行動を受け入れられるかどうかという社会的妥当性の観点が、子どもの行動を変えようとするときの重要な判断の基準になっています。

2　行動が起こるようになるしくみ

子どもが行動を起こした結果、その行動が起こる頻度を増やす手続きを「強化」といいます。強化には〈正の強化〉と〈負の強化〉があります。正の強化とは、行動が起こった後に強化子や強化刺激を提示すること（たとえば、子どもがいすに座ったら、「いすに座ってじょうず」とほめる）と、罰刺激や嫌悪刺激の出現を阻止すること（たとえば、10分以内にお片づけをしなければ遊びに行けないが、お片づけが終わったので遊びに行く）によって、子どもが起こした直前の行動を増加させる手続きです。

■〈正の強化〉
子どもがいすに座ったら、「いすに座ってじょうず」とほめる

■〈負の強化〉
お片づけをしないで遊んでいるとお母さんのこわい顔

■お片づけをするとお母さんは笑顔に

3　負の強化とは

負の強化とは、行動が起こった後に罰刺激や嫌悪刺激を除去することによって、子どもが起こした直前の行動を増加させる手続きです。たとえば、「真っ暗な部屋に入る（直前の嫌悪刺激）→電気のスイッチを入れる（行動）→灯がつく（直後の結果）」や「お母さんのこわい顔（直前の嫌悪刺激）→子どもがお片づけをする（行動）→お母さんの笑顔（直後の結果）」などの例があげられます。

　すなわち子どもが行動を起こすと罰刺激や嫌悪刺激が消失する、という強化のことです。

4　般化の促進

子どもが習得した行動は、指導をした人以外との間で、また指導した場所以外で現れなければ、子どもの行動の新しいレパートリーになったとはいえません。

般化には、〝刺激般化〟と〝反応般化〟があります。刺激般化は、たとえば「お名前は？」と子どもに聞くと「健太です」と答え、また「名前は何といいますか？」と違う聞き方をしても「健太です」と同じく答えられるように、異なる刺激に対して同じ反応ができるようになることです。反応般化は、「お名前は？」と聞くと「健太です」や「健ちゃんです」と違って答えられるように、同じ刺激に対して異なる反応ができるようになることです。このような般化を促す指導を行えば、子どもの行動レパートリーはいっそう増えていきます。

17

子どもに「してほしくない行動」を減らす

子どもに「してほしくない行動」を減らすために、罰や弱化の手続きを使うことはできるだけ避けましょう。弱化には、〈正の弱化〉と〈負の弱化〉があります。正の弱化によって罰刺激や嫌悪刺激が与えられると、子どもの攻撃行動や不安や恐怖などの情動行動が増加することがあるからです。また「してほしくない行動」が起こった後に嫌悪刺激を続けて提示すると、環境全体やその嫌悪刺激を与えた人が嫌悪刺激として学習されてしまい、子どもにその嫌悪場面に出会うことを避けようとする〝回避行動〟やその嫌悪場面から逃げようとする〝逃避行動〟が起こることがあります。そして何よりも、体罰もそうですが、子どもに罰を与えることは倫理的に望ましくないことはいうまでもありません。

1　望ましくない行動の形成・維持

望ましい行動も望ましくない行動も、同じメカニズムで学習されています。気になる行動や困った行動はさまざまな活動に参加するときに障害になり、子どもと周囲の人たちとの豊かなかかわり合いを制限し、生活の質を低下させてしまいます。

望ましくない行動が続くときには、それらをなくそうとすることよりは、その場面に合った望ましい行動やしてほしい行動がもっと頻繁に起こるように対処することが有効です。

たとえば、子どもがいすに座ってお絵かきをするという望ましい行動をしているのに、それを無視して、子どもがいすを離れるたびに「いすに座りなさい」などと、望ましくない行動に注目することで強化をしていることはないでしょうか。そのときには、いすに座ってお絵かきをする行動をしっかりとほめ、離席行動は無視することによって、お絵かき行動は確かに増えていきます。

2　行動が起こらなくなるしくみ

罰や弱化は、行動を減少させたり消失させる手続きです。子どもが行動を起こすと、その直後に子どもにとって〝悪いことが起こる〟あるいは〝よいことがなくなる〟ように対処をします。その子どもにとって〝悪いことが起こる〟場合を〈正の弱化〉、〝よいことがなくなる〟場合を〈負の弱化〉といいます。

そして負の弱化には、〝強化子や強化刺激の除去による弱化〟（たとえば、子どもが騒ぎ出したら、子どもが見ているテレビを消してしまう）と〝強化子や強化刺激の出現を阻止する弱化〟（たとえば、子どもが騒ぎ出したら、約束していたプレゼントをあげない）があります。

3　消去とバースト

消去とは、行動が起こっても起こらなくても無視をし続けるなど、これまで与えていた強化子や強化刺激をいっさい与えないようにする手続きをいいます。消去の手続きを行うと、それまで起こっていた行動が起こらなくなっていきます。たとえば、いくらいい聞かせてもいっこうにテレビを見る行動が減らない子どもに対して、テレビのプラグを抜いてしまいます。そうすればスイッチを入れても映像が映らないので、つまり子どもがテレ

■〈負の弱化〉
騒ぎ出したら見ているテレビを消してしまう

■〈正の弱化〉
いたずらをしたらしかる

ビのスイッチを入れても映像が映るという〝よいことがなくなる〟ので、テレビのスイッチを入れてテレビを観る行動は、いずれ消失してしまいます。

しかしここで注意しなければならないのは、消去をはじめると、消去される行動（テレビのスイッチを入れる）が一時的にこれまで以上に起こることがあります。この現象を〝バースト〟（暴発）といいます。このバーストの時間が過ぎると、その行動は確実に消失します。ただし、その途中でバーストに反応してしまう（テレビのプラグを入れて映像が映るようにする）と、その後に消去の手続きを行っても、テレビのスイッチを入れる行動が消失されるまでの時間はさらに増えてしまいます。これを〝消去抵抗〟が高くなったといいます。

18

シェイピングとチェイニング

応用行動分析の原理は、ときには動物に新しい行動を形成するために使われます。たとえば、イルカの調教やペットのしつけなどにも応用されています。行動原理はすべての生物に共通して適用できるからです。

ごくまれにしか起こらない「してほしい行動」を増やすこと、起こり過ぎている「してほしくない行動」を減らすことに焦点をあてて、ここまで応用行動分析の原理を説明してきましたが、ここからは、現在は子どもの行動レパートリーにない新しい行動を形成する手続きを紹介しましょう。子どもがいままでにしたことのない、子どもの行動レパートリーにない「してほしい行動」を、応用行動分析の原理を適用して作ることができます。

1　シェイピングとは

〝シェイピング〟によって新しい行動を作るには、最終の目標とする行動に強化の基準を少しずつ近づけていき、目標とする行動につながる行動だけを次々に強化することによって、段階的に新しい行動を作っていきます。たとえば、ことばを話すことができない子どもに、目標とする行動としてことばを話す行動を形成するには、ことばを話すことにつながる最初の行動として、声を出す行動（「あー」「うー」など）を強化して発声を増やします。いくつかの音声が出せるようになったら、つぎにまねをして、たとえば「ママ」という音声に近い音声だけを強化し、ほかの音声は強化しません。これを〝分化強化〟（128ページ参照）といいます。

さらにまねをしてもっと「ママ」に近い音声だけを強化していき、しだいに「ママ」とはっきりまねをしたら強化します。こうして音声のまねから単語のまね、そしてことばのまねへと拡げていきます。このように、強化の基準を少しずつ最終の目標とする行動に近づけることによって、ことばを話すなどの複雑な行動の形成が可能になったという研究報告があります。

2　チェイニングとは

〝チェイニング〟は、一連の行動を連鎖させることによって、新しい行動を形成するやり方です。チェイニングには〝バックワード・チェイニング〟と〝フォワード・チェイニング〟があります。

バックワード・チェイニングは、行動連鎖の最後の方からプロンプトを徐々にフェイディングしていきます。フォワード・チェイニングは、行動連鎖の最初の方からプロンプトを徐々にフェイディングしていきます（プロンプトとフェイディングについては、第2章20参照）。

たとえば、「靴下をはく行動」にチェイニングを適用してみましょう。表をみてください。

①ができるようになったら、②そして③と徐々に子ども1人で靴下をはかせます。

このようにして、靴下をはく行動の最後の方から徐々にプロンプトをフェイディングしていくので、〝バックワード・チェイニング〟と呼ばれます。バックワード・チェイニングによれば、靴下をはく行動が、誤りなく子ども一人で援助なしでできるようになります。

■靴下をはく（バックワード・チェイニング）

①

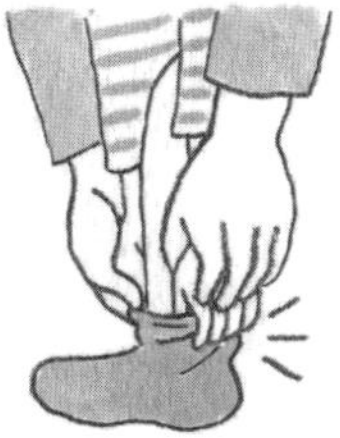

はきやすいようにまるめた靴下を子どもに持たせ、子どもの手の甲の上から手を添えて靴下をつま先から足首、かかとの上まではかせ、そこで手をはなして残りを子ども１人ではかせます。

②

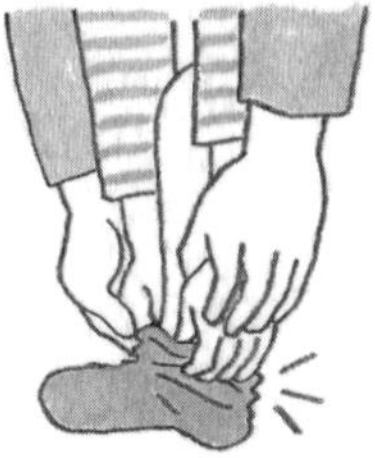

同じようにしてかかとの少し上まではかせ、そこで手をはなして残りを子ども１人ではかせます。

③

同じようにしてつま先を入れ、そこで手をはなして残りを子ども１人ではかせます。

19 ほめ方のくふう

ほめられた行動は、その後に必ず増加していきます。望ましい行動を増加させるには、ほめ方をくふうすることが大切です。何を使ってどうほめればいいかは、それぞれの子どもによって大きく違います。まず、その子どもにとって何がごほうび（強化子あるいは強化刺激）になるかを丹念に調べて、それを前もって用意しておきましょう。そして、増加させたい望ましい行動が起こったら、その直後にすかさずごほうびを与えることで、その行動は確かに増えていきます。

1 強化子とは

行動が起こった直後に続く結果によってその行動が増加したら、その後続する結果を〝強化子〟または〝強化刺激〟といいます。ポーテージプログラムでは、このように強化子を計画的に起こった行動に後続させることによって、行動目標を達成していきます。強化子には食べ物や飲み物などだけではなく、テレビを観る、ゲームをするなどの活動やほめことば、注目のような社会的強化子もあります。何が強化子になるかは、子どもによって違います。

ただし、〝直前に起こった行動を増加させる刺激はすべて強化子である〟ということに気をつける必要があります。たとえば、子どものいたずらを止めさせようとしてお母さんが子どもを叱った場合など、その結果として子どものいたずらが増えてしまったら、お母さんの叱責はその意図に反して、ごほうびの働き（機能）をしていたことになります。

このように強化や罰の効果は、子ども自身が行動を増やしたいとか減らしたいと意識しているかどうかにはまったく関係がありません。多くの行動は気づかないままに、強化されたり罰が与えられることで、その行動が増えたり減ったりしています。

2　強化スケジュール

行動が起こったら、その直後に行動を具体的にほめます。たとえば、いすに座ったら「いすに座って、じょうず」などとほめます。「いい子だね」とか「えらいね」では、何が強化されたかわかりません。行動が起こるたびにその直後に毎回強化することを〝連続即時強化〟といい、その行動をある頻度で起こるようにしたいときに行います。その直後とは、1分間ルールといっておよそ60秒以内を指すことがあります。ある頻度で起こる行動をその頻度で維持させるには、〝部分強化〟を行います。部分強化のしかたを〝強化スケジュール〟と呼び、行動が起こる回数や時間をもとに、行動を強化することを減らしていきます。たとえば、5回に1回ずつ行動を強化するとか、10秒ごとに起こった行動を強化します。

3　強化子の階層

無条件性強化子は、食べ物、飲み物など生命の維持に関係していて、生まれながらに強化の機能が備わっている強化子です。また、〝花丸〟や〝ほめことば〟〝お金〟などのように、学習された強化子もあります。学習された強化子は、すでにある強化子といっしょに提示されることによって、強化子の機能を持つようになったものです。たとえば、お金で好きなお菓子が買って食べられるので、お金が強化子として機能するようになります。

このように強化子には、生まれながら強化の機能が備わった強化子から学習された強化子まで階層があります。一人ひとりの子どもに、もっとも効果的な強化子を使うことが大切です。

4　強化子の調査

子どもにとって好きな食べ物や好きな行動、好きな遊び、ほめことばなど強化子となりそうなものを広く探すことを、〝強化子調査〟といいます。たとえば、子どもがそのおもちゃを取りに行く、それで長く遊んでいる、よく注目するなどの行動が観察されれば、そのおもちゃがその子どもの強化子となる目安になるでしょう。

親（保護者）や家族、保育士、教師など子どもをよく知っている人から、強化子を選ぶときの情報を集めましょう。１つの強化子だけを与え続けると、飽和現象といってその強化子の効果が失われてしまうことがあるので、いろいろな種類の強化子を数多く用意しておきます。

20

プロンプトとフェイディング

普段はほとんど意識されませんが、人はさまざまな「直前のきっかけ（できごと・刺激）」を刺激として行動を起こします。そこでこの行動に先行するきっかけをくふうすることで、行動を起こしやすくすることができます。

〝プロンプト〟は、目標行動が起こる直前や起こっているときに提示するもので、目標行動が起こりやすいように、その行動が起こる「直前のきっかけ」に〝つけ加えられる刺激〟です。援助と同じ意味に使います。

〝フェイディング〟は、そのプロンプト（つけ加えられる刺激）を、最終的にはそれがなくても目標行動が起こるようになるまで、少しずつ減らしていくことです。

1　プロンプトのタイプ

プロンプトには、「視覚的プロンプト」（例　写真カードで1日のスケジュールを示す）、「言語的プロンプト」（例　子どもに物の名前を聞かれたときに、ことばでモデルを示す）、「身体的プロンプト」（例　ボタンをはめるとき指の動きを導くように手でガイドをする）があります。また、声かけをしながら指さしをするなど、プロンプトを組み合わせて用いることもあります。

　プロンプトをするときの注意には、（a）目標行動を起こさせるできるだけ弱い刺激をつけ加える、（b）プロンプトをして行動が起こったときも必ず強化をする、（c）プロンプトはできるだけ速やかにフェイディングをする、などがあります。

2　フェイディングのしかた

　プロンプトを使って子どもの行動が確かに起こるようになったら、つぎはプロンプトを少しずつ減らすフェイディングを行います。

　フェイディングのしかたには、（a）プロンプト内フェイディング（プロンプトの刺激を徐々に少なくする）、

■視覚的プロンプト
1日の絵カード・スケジュール

■言語的プロンプト
最初の音を示す

（b）プロンプト階層フェイディング（身体的プロンプトから視覚的プロンプトへ、視覚的プロンプトから言語的プロンプトへと、徐々にプロンプトの量が少ないタイプのプロンプトに移る）、（c）時間遅延法（プロンプトを与えるまでの時間を少しずつ長くする。そうすることでプロンプトをする前に、行動を起こすようにする）があります。

■身体的プロンプト
子どもの手の甲の上から手を添えて

3　課題分析によるスモールステップ学習

子どもの行動は、多くの場合はいくつかの行動がつながって起こります。これを〝行動連鎖〟といい、前の行動がつぎの行動のきっかけになっていて、つぎの行動がそのつぎの行動のきっかけになっています。こうして連鎖した一連の行動をいくつかのステップに細分化することが「課題分析」です。

課題分析にはプロンプトとフェイディングを使って、標的行動を順に達成させるやり方と、細分化したスモールステップによって行動連鎖の全体を順に学習させる〝全課題提示法〟（１３４ページ参照）と呼ばれる方法があります。

21

子どもの行動問題の理解

子どもの行動は日々の環境との相互作用の中で学習され、変化してきたものです。子どもがある行動を起こした結果が、その行動がその後に起こる頻度に大きな影響を与えます。

「してほしくない行動」や「やめてほしい行動」「問題行動」などの望ましくない行動も望ましい行動とまったく同じメカニズムで学習されます。子どもの発達に遅れや偏りがあると、適切な行動が学習されなかったり不適切な行動を学習してしまうことがあります。

1 「やめてほしい行動」の機能アセスメント

「問題行動」とは、周囲にいる人たちが問題だと思うような（たとえば、頭を壁に打ちつける、手首を噛むなどの自傷行動など）「やめてほしい行動」に入ります。近年では、行動の形態よりも問題行動の働き（機能）に着目して、問題行動を4つの機能（「要求（物、活動）」「注目」「逃避・回避」「感覚」）からアセスメントしています。

■4つの機能

●**「要求（物、活動）」とは、**物や活動を要求する行動として起こります。たとえば、子どもがほしい物があったとき、〈大声をあげて騒ぎ出す↓お父さんが物を与える〉ことが繰り返されると、子どもは騒ぐとお父さんが「要求」を叶えてくれることを学習してしまいます。

●**「注目」とは、**誰かの注目を得る行動として起こります。たとえば、お母さんが家事をしていてそばにいないとき、〈大声をあげて騒ぎ出す↓お母さんがなだめに来る〉ことが繰り返されると、子

■「要求（物）」機能

「ねぇ、ジュース買って」→「ダメ」

「ジュース飲みたいよ！」

「しかたないなぁ」

どもは騒ぐとお母さんが「注目」してくれることを学習してしまいます。

●**「逃避・回避」とは、**逃避とは、嫌な刺激や場面に出合ったときにそこから逃れる行動として起こり、回避とは嫌な刺激や場面に出合いそうなときに前もってそこから逃れる行動として起こります。たとえば、子どもが嫌いな食べ物から逃避するために、〈大声をあげて騒ぎ出す→お母さんが嫌いな食べ物を取り除く〉ことが繰り返されると、子どもは騒ぐと嫌いな食べ物から「逃避」できたり、前もって騒ぐと嫌いな食べ物が出されないで「回避」できることを学習してしまいます。

●**「感覚」とは、**感覚刺激を自分に与える行動として起こります。たとえば、こぶしで頭をたたく行動が、頭をたたくことで得られる心地よい「感覚」によって強化され、こぶしで頭をたたく行動を学習します。このような自己刺激行動が問題行動とみられることがあります。

このように問題行動によって、何かを手に入れたり、やりたくないことをしなくてもすむという経験を繰り返すと、子どもはやりたくないことがあるたびに、その嫌な刺激や場面から逃れるために、大声

■「逃避」機能

「あっ、きらいなピーマンだ」
「わー、食べたくないよう」

をあげて騒ぐなどの周囲にいる人にとって問題とされるような行動を学習してしまいます。このように問題行動の後に起こる結果が、直前の問題行動が起こることを強化しています。

2 ABC分析

ABC分析とは三項随伴性（62ページ参照）の関係を表しますが、問題行動（B）が、直前のどんなきっかけ（できごと・刺激）（A）で起こり、直後のどんな結果（C）がそれに後続して起こるかという、行動随伴性を調べる方法です。

問題行動（B）と結果（C）を繰り返し経験すると、その行動を起こす直前のできごとや刺激（A）が、行動を起こすきっかけ（〝弁別刺激〟）としての機能を持つようになります。

たとえば、お母さんがいるときに子どもが大声をあげて騒ぎ出すとお母さんがなだめますが、お母さんがいないときに大声をあげて騒ぎ出しても誰もなだめてくれません。このような行動と結果を繰り返し経験すると、〝お母さんがいる〟（A）ときに〝子どもが大声をあげて騒ぎ出す〟（B）と〝お母さんがなだめる〟（C）という強化の関係が生じます。

こうして弁別刺激（〝お母さんがいる〟）があるときに、子どもが大声をあげて騒ぎ出す行動がいっそう起こりやすくなります。この場合に、〝子どもが大声をあげて騒ぎ出す〟という問題行動（B）

■「感覚」機能
頭をたたくと気持ちがいい

を減らすには、弁別刺激（A）を環境の中に置かないか（お母さんを子どもから遠ざける）、直後の対応のしかた（C）を変える（子どもが大声をあげて騒ぎ出しても取り合わない）方略をとります。

- 〝お母さんがいる〟（A）→〝子どもが大声をあげて騒ぎ出す〟（B）→〝お母さんがなだめる〟（C）
- 〝お母さんがいない〟（A）→〝子どもが大声をあげて騒ぎ出す〟（B）→〝誰も取り合わない〟（C）

3　機能的コミュニケーション指導

ことばがじょうずに使えない子どもにとって、問題行動は周囲の人に要求を伝えることばと同じように、効果的なコミュニケーションの手段になっていることがあります。

問題行動を減らすためには、問題行動と機能が同じで、それに代わるより適切なコミュニケーション手段を教えることが有効になります。これを「機能的コミュニケーション指導」と呼んでいます。たとえば、お母さんが家事をしていてそばにいないとき、〈大声をあげて騒ぎ出す→お母さんがなだめに来る〉という関係において、機能アセスメントによって、大声をあげて騒ぎ出す行動が「注目」の機能があることがわかれば、その問題行動に代わって、周囲にいる人たちが認めてくれるような〝お母さんの袖を引っ張る〟という代わりの行動で注目を得ることを教えることが有効でしょう。

また、問題行動が起こる場面と起こらない場面とでABC分析を行うことで、問題行動が起こりやすい条件を予測することができます。この予測をもとに機能的コミュニケーション指導の支援計画を立てることが重要です。

22

〝罰〟を使わない対処

子どもが起こす困った行動やできないところばかりに目を奪われて、つい〝罰〟を使ってしまいがちです。しばしば罰を使い続けてしまうのは、罰を使う行動が罰を受ける人によって強化されているからです。

家庭や保育園、幼稚園、発達支援センターなどで罰を使った対処は、周囲を巻き込んだトラブルに発展するおそれがあります。罰を使った対処は、子どもの生命に危険が及ぶような事態でない限り、できるだけ控えたいものです。〝罰〟を使わない対処を〝適切行動支援〟といいます。

1　罰の使用と副作用

たとえば、保育士が絵本の読み聞かせをしようとしても、子どもたちが騒いでいていうことを聞こうとしません。「静かにしなさい」というと一瞬静かになりますが、しばらくたつとまた騒ぎはじめてしまいます。

一方で、保育士の「静かにしなさい」という罰による対処は、子どもたちが一瞬静かになることによって強化されるので、保育士は延々と罰の提示をし続けることになります。それにともなって罰の強さ(「静かにしなさい」という指示の強さ)をだんだん強くしなければ、効果が現れなくなってしまいます。

罰を使いすぎると、子どもが登園を嫌がったり保育士に近寄らなくなってしまうなど、不安や恐れのような情動行動や回避行動が起こり、望ましくない副作用が見られることがあります。子どもにとっ

■罰による対処

①

しずかにしなさい！

子どもたちが騒いでいる

②

シ～
～～ン

一瞬静かになるが……

③

ほんよむよー
おいでおいで

また騒ぎはじめてしまう

て保育園が嫌悪場面になってしまいかねません。

2　非嫌悪手続き

罰を使わない対処を、〝非嫌悪手続き〟といいます。文字通り、罰を使わないで望ましい行動を増やし、望ましくない行動を減らすやり方です。機能的等価性や分化強化を適用します。

●機能的等価性

ＭＡＳ尺度《しゃくど》などを使って問題行動の機能アセスメントを行うことによって、問題行動の機能を特定します（127ページ参照）。問題行動は要求のコミュニケーション行動として理解されますが、ことばで伝えられないときに、その要求を伝える手段として問題行動が起きていると考えることができます。

そこで機能アセスメントの結果から、機能的に等価で社会的に妥当な代わりの行動、すなわち、先にあげた4つの機能（「要求（物、活動）」「注目」「逃避・回避」「感覚」）と同じ機能を持ち、周囲の人たちに認めてもらえる社会的に妥当な行動に置き換えることを目指します。

たとえば、いくつかの例をあげれば、図（97ページ参照）の①②③に描かれた左の問題行動は無視して消去し、右の代わりの行動を強化して増やします。こうすれば、機能的でより適切なコミュニケーション手段が学習できます。

●分化強化

分化強化とは、「してほしくない行動」を消去し、「してほしい行動」を強化することによって、高い頻度で起こっていた「してほしくない行動」を減少させ、あまり起こっていなかった「してほしい行動」を増加させようとする手続きです。すなわち、望ましくない問題行動が起こったらそれを無視

①「要求」機能

大声を上げて騒ぐ　→　「ちょうだい」のしぐさをする

②「注目」機能

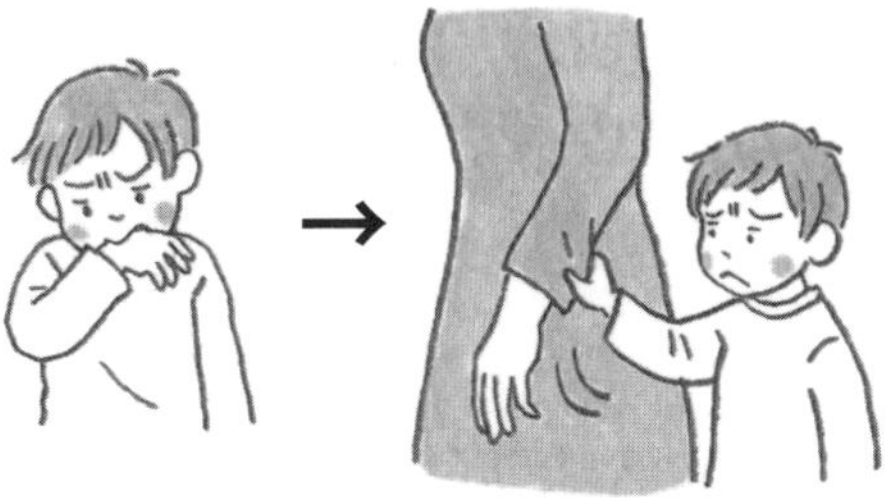

手首をかむ　→　お母さんの袖を引っぱる

③「逃避」機能

頭を壁に打ちつける　→　首を振って「イヤイヤ」をする

し、別に望ましい行動が起こったらそれをすぐに強化します。

つぎに2つの分化強化の方法を、あげてみましょう。

・非両立行動分化強化（ＤＲＩ）――望ましくない行動と同時には起こらない望ましい行動を強化します。たとえば、廊下を走る行動を減らすために、その廊下を走る行動とは同時に起こらない廊下を歩く行動を強化します。

・代替行動分化強化――前にあげたように、問題行動は無視をして、その問題行動と機能が同じで、周囲の人たちが認めてくれるような代わりの行動を強化することも分化強化の1つです。たとえば、大声をあげて騒ぎ出す問題行動は無視をして、お母さんの袖を引っ張るという代わりの行動を強化します。

3　適切行動支援

行動が起こるときには必ず原因があります。その原因は、その行動を維持させている随伴性や機能によって説明ができます。子どもの行動は、周囲の環境との相互作用の中で学習されたものです。子どもの現在の望ましくない行動も望ましい行動も、環境との相互作用をとおして学習され維持されています。

近年、問題行動への対処として、子どもの適切行動を増やす支援を計画し実践することによって、相対的に望ましくない行動を減らそうとする対処が盛んに行われるようになりました。それは〝適切行動支援（Positive Behavior Support: PBS）〟と呼ばれます（１３０ページ参照）。

ポーテージ相談においては、これまで述べてきたような応用行動分析の原理を親（保護者）が学ぶことで、親（保護者）をエンパワメントします。それに加えて家族の協力を得て、家族の資源をおおいに活用します。そして5年先、10年先、さらに20年先に子どもにどうあってほしいかという子どもの成長した姿を思い描き、そのためにはいま何をしておけばよいかを親（保護者）と共通理解を深めながら、親（保護者）による家庭指導に寄り添いアドバイスをすることが、ポーテージ相談員には求められています。

コラム

よい行動を増やす子育てを
：行動の直後の結果が大事

発達に遅れや偏りのある子どもは、周囲からの働きかけに応じる力が弱いとか、人とのかかわりを持つ力が弱いとしばしばいわれます。また「落ち着きがなく、動いてばかりいる」「友だちを突き飛ばしたり、たたいたりする」「こだわりが強くて、行動を変えられない」など、周囲が対応に困ってしまう行動や手におえない行動をする子どもがよく見られます。

その子どもは、なぜそのような行動をするのでしょうか。それは子どもの“障害”のせいでも、親（保護者）の“育て方”や園や学校での“保育”や“指導”のせいでもありません。誰かのせいや何かのせいにしてしまっては、解決の糸口が見出せなくなってしまいます。

それはその子どもが困った行動や手におえない行動をしたときの、対応のしかたが問題なのです。周囲の人が止めさせようとして制止したり罰を与えれば与えるほど、その行動は意に反して増えていきます。第２章で紹介しましたポーテージ相談でよく使われる、解決の糸口を見つけるための応用行動分析の原理とそのテクニックを使って、子どもによい行動を増やす子育てを行いましょう。

日常生活の中で子どもにすでに見られるよい行動をたくさんあげておき、それらの行動が起こったらすかさずほめることを繰り返すと、よい行動はますます増えていきます。

子どもの行動の直後の結果がだいじだということを、思い起こしてください。

第3章 ポーテージプログラムの実践から

23

ダウン症の子どもたち

ダウン症の子どもはゆっくりではありますが、大よそ標準の発達過程をたどります。そのために、発達領域の全体を見守りながら、自立歩行までは運動領域の発達の支援が主になり、歩きはじめると、さらに認知領域と言語領域の発達が加速します。

ところが、言語領域の発語に関する課題がなかなか達成できないことがあります。朝、布団から起きあがるとき、子どもと向き合い、ゆっくり、はっきり「お・は・よ・う」と、口の形を見せながら語りかけることを習慣にしている親（保護者）がいます。日常生活を意識しながら過ごすことで、課題を達成できることもよくあります。

1　子どもの「できた!」「やりたい」という気持ちを大切に

あみちゃんは〈認知20　積み木3個で塔を作る〉という課題に取り組んでいます。あみちゃんが置いてある積み木の上に1つ積んだ後、お母さんが3つめを積み上げて、3個の塔ができあがり「できた！」と歓声をあげても、あみちゃんはきょとんとしています。あみちゃんにとってはお母さんが3つめの積み木を積み上げただけなので、お母さんの成功は他人事なのです。

そこで、ポーテージ相談員が「お母さんが2つめを積んで、あみちゃんに3つめを積んでもらいましょう」と提案します。今度は「できた！」のお母さんの歓声にあみちゃんも満面の笑みです。さらにあみちゃんの「できた！」という気持ちは、もっと「やりたい」という気持ちに発展していきます。つまり喜びや自信は、より高度なことがらに取り組もうとする意欲につながるのです。

■「お母さんが3つめを積んで、成功しても…」他人事

■「あみちゃんが3つめを積んだので…」満面の笑み

2　家族の協力は何よりも強力

ゆうきくんには、お母さんがゆうきくんにいろいろなポーテージプログラムの課題を家庭で行うことに協力してくれる小学生のお姉ちゃんが、2人います。面談のときにはお姉ちゃんたちがいつも同席します。ポーテージ相談員が〈認知21　同じものを合わせる〉などの課題を出し、きょうだいの活躍の場を必ず提案しているからです。たとえば、1人のお姉ちゃんが「ゆうきくん、これと同じのはどれ？」とたずねると、もう1人のお姉ちゃんが「これだよね」といっしょにゆうきくんの手をもって合わせてくれる役目をしてくれます。「できたね。同じだね」とお姉ちゃん2人がゆうきくんをほめてくれます。

このようにきょうだいやお父さんも巻き込み、家族全員が支援する態勢があり、ときにはおじいさんやおばあさんも孫のために手助けする態勢を作ることができると、すばらしい成果があります。家族が子どもの第一の強力な支援者になっています。

■2人のお姉ちゃんが支援者

3　子どもの小さな成長をすかさずほめる

子どもがお座りの姿勢で〈社会性18 いないいないばあ〉ができるようになったときは、親（保護者）は「できた！」と満面の笑顔でほめます。

ついで〈社会性20 大人の動作をまねしてバイバイをする〉ができるようになったら、「おりこうさん！」と頭をなでます。また、〈身辺自立20 子どもが靴下を自分で脱ぐ〉ところを目撃したら、「じょうず！ 脱げた」とほめます。お父さんもお母さんも、ほめ上手であることが子どものやる気をのばします。

親（保護者）はみなわが子の生きる基盤となる力をはぐくむために、本気でポーテージプログラムの課題に向かっています。たとえ課題に取り組めない困難な事情が生じたとしても、家族や周囲の協力を得てあきらめず継続する条件を生み出していきます。

■「くつ下が脱げた」「じょうず!!」

24

自閉症スペクトラム障害の子どもたち

ポーテージプログラムのチェックリストは、ごくふつうの子どもの平均発達を標準に作成されています。自閉症スペクトラム障害などのように発達の偏りが大きい発達障害のある子どもたちに適用するときには、発達を支援する方法や教材・教具についてもくふうする必要があります。

ポーテージ相談がなかなか円滑にいかないことがあるかもしれません。しかし、物理的な構造化や視覚的な構造化の考え方を活用することによって、自閉症スペクトラム障害の子どもたちが選び出された行動目標が理解しやすくなり楽しんでくれることも、決して困難なことではありません。

1　子どもの興味・関心に合わせる

たとえば、子どもが期待したように積み木を積んでくれないときには、その子どもが好きなお店のロゴや好きなことば、好きなパッケージや写真などを積み木に貼って、絵合わせにするとアッという間に積んでくれることがあります。色の名前も好きなキャラクターに関連づけるとすぐにわかるようで、またたく間に覚えてしまいます。

たとえば、エンピツにまったく興味を示さなかった子どもに、エンピツに好きな電車や自動車のシールを貼りつけただけで、こんなにじょうずだったのかと驚くほど、迷路をじょうずに描いたことがありました。その子どもにとって、電車を線路の上に走らせることや自動車を道路に走らせることと、エンピツに貼られたシールの電車や自動車を走らせて迷路を描くことが、ことばだけではイメージできなかったのかもしれません。このように、ポーテージプログラムを子どものニーズに合わせて活用することが大切です。

2 伝達の方法を教える

子どもがことばによるコミュニケーションがまだ困難なときには、子どもが好きなおもちゃを透明な袋や容器に入れて、子どもに見えるけれど手の届か

■シールを貼ったエンピツで迷路を描く

ない場所に置きます。そして、「あけて」や「ちょうだい」と子どもにことばでモデルを示し、それをまねしたらそのおもちゃを子どもに渡します。このように子どもの方が指導の機会を作り、子どもにさまざまなコミュニケーションのしかたを教えます（機会利用型指導法、68ページ参照）。手の届かない場所にあるおもちゃの名前をいうと、それが手に入る経験を重ねると、独り言しかいわなかった子どもがことばを使って相手に伝えようとするように変化しました。こうして、子どもは「ちょうだい」とほしいものを要求することができるようになり、周囲の人たちから「いいよ」「どうぞ」などという協力や許可のことばを期待して待てるようになりました。そうなると子どもたちは、安心した表情を見せるようになっていきました。

3 「ぼく、できちゃった」という達成感

自閉症スペクトラム障害の子どもたちの多くは、机の上で行う学習が好きです。それはきっと答えが1つであることが多いからではないでしょうか。ストレスが少なく「ぼく、できちゃった」という達成感が得られやすいからだと思います。反対に、自閉症スペクトラム障害の子どもは、あいまいな場面やあいまいな課題を行おうとすると、ときどきひどくとまどいをみせることがあります。

マッチング課題（同じものどうしを合わせる）、分類課題（同じ種類に分ける）、構成課題（組み合わせる）などは、自閉症スペクトラム障害の子どもたちにとっても学習の基礎となり、将来の仕事にもおおいに活かされる能力です。ポーテージプログラムの認知の発達領域の課題には、それらの要素

を含む課題が配置されています。一人ひとりの学び方の特徴に応じて、行動目標を選び出し指導を展開していくことができます。

日常の生活場面では、その子どもの好きなことがじつは周囲の人たちにとって望ましくない行動であることがあります。そのような場合には、子どもの好きなことを遊びや学習やお手伝い行動などに取り入れるくふうをします。そうすることによっていつの間にかその困った行動が減り、望ましい行動が増えていくことを観察できることがあります。

4　拒否と依頼ができる子どもに

自閉症スペクトラム障害の子どもは、誰かからの申し出を断ったり、誰かに何かを頼むことが困難なことがあります。嫌なとき、いらないとき、思いとは違うときなどには、じょうずに断ることができるように練習をします。ポーテージプログラムの社会性の発達領域の課題に用意されています。「いや」「おしまい」「ちがいます」などの否定形や断りのことばが使えるようになると、さらに何かがわからないときやできないときや困ったとき、「手伝って」「教えて」「〜してください」などの依頼の表現ができるようになり、チャレンジや失敗することが怖くなくなってくるようです。

断ることがうまく表現できなくて自信をなくし、はじめからあきらめてしまったり、困ったあげくに暴力的な行動を取ってしまうことは避けなければなりません。自閉症スペクトラム障害の子どもとその親（保護者）と家族にポーテージ相談を行うときは、この点について親（保護者）と共通理解をしながら指導を進めることが大切です。

5　視覚化のくふう

視覚的に理解を促す教材・教具は、学習場面だけではなく、身辺自立の行動目標（〝お片づけ〟〝着替え〟〝排せつ〟など）を行う際にも、何度も確認できる写真や絵、文字、数字などを活用すれば、子どもたちが課題の理解にたどりつけることも少なくないのです。

数字は読めないけれども色が弁別できるのであれば、時計の文字盤に色をつけて時間の学習をしたり、市販のメモ用紙で日めくりカレンダーを手作りしたりといったくふうをしています。ポーテージ相談員にとって、このように子どもの一人ひとりのニーズに応じて、教材・教具をくふうして行動目標の達成を促すような働きかけが大切です。自閉症スペクトラム障害の子どもにとっては、課題や指示の視覚化のくふうが大切です。

6　成功が家族の自信になる

自閉症スペクトラム障害の子どもにとっても、家庭はもっとも〝自然な環境〟であるといえます。親（保護者）や家族は、毎日その自閉症スペクトラム障害の子どもと日常生活をいっしょに過ごすことによって、子どもの行動の特徴やどんな場面でどんな行動が起こるかということがよくわかる立場にあります。子どものニーズに応じてさまざまに環境や対応をくふうすることを繰り返す中で、もっとも適切な支援計画が準備できるのは、まさに家族であるといえるでしょう。親（保護者）がエンパワメントされ、家族が一丸となって子どもに対応することが大切です。ポーテージ相談員はそうした親（保護者）や家族に寄り添うことをとおして、親（保護者）や家族が子どもの発達支援に成功することこそが願いです。

25 知的障害と身体障害がある子ども

あおいちゃんは6歳、笑顔のかわいい女の子です。家族は両親と弟と妹、間もなくもう1人赤ちゃんが生まれ、4人きょうだいの長女になります。あおいちゃんは出生時の低酸素脳症で、知的障害と左半身に麻痺があります。まだ歩けませんが、それだけにお母さんはあおいちゃんを訓練しなければという気持ちがとても強かったようです。でも幼い弟妹がいては、とても困難なことでした。

ポーテージ相談員は家庭訪問指導をして、日常生活の中であおいちゃんの持つ力を引き出すことを主に考えました。お母さんの「子どもといるのが楽しくなりました」ということばが、とても印象に残っています。

1 強みを生かして

あおいちゃんの強みはまず、その社会性の発達のよさです。嫌なことには怒った声で「やっ」、笑いながら「やだもーん」と口にする感情表現の豊かさにはときどき驚かされます。すぐ下の弟には、怒ったり悔しがったりすることもしばしばで、何でも先にやってしまう弟といっしょに〈社会性60 ゲームや遊びで順番を待つ〉という課題に取り組んだこともあります。

妹が生まれると歌を歌ってあげたり、やさしいお姉さんぶりを発揮しています。自分のおむつは持ってこなくても、「(妹の) おむつとって」といえば持ってきてくれます。物の名前を覚えるのは苦手なのですが、妹の世話を通じてならチャレンジできます。

2 日常生活の中でできる行動目標を選ぶ

知的障害と左半身に麻痺があるあおいちゃんを筆頭に幼児が4人、両親は本当に大変です。あおいちゃんだけの相手をする時間ももままなりません。課題は家庭の日常生活の中で行えるものに限られます。たとえば絵本は本棚にしまい、積木は箱にしまうなど、マッチングや弁別の課題は、お片づけをしながら行っています。

あおいちゃん自身も教材で学習するよりも、お手

■あおいちゃんのお手伝い、「おむつとって」

伝いが好きです。麻痺のある左手の訓練も、食事のときにあえてテーブルの上を滑りやすい食器を使って、それに左手を添えています。家庭での指導ならではの日常生活に密着したポーテージプログラムの活用といえるでしょう。その一方で、家庭ではできない課題は、児童発達支援センターで取り組んでいます。

3　あおいちゃん独自の基準で課題は達成とする

あおいちゃんのポーテージプログラムの行動目標の達成は、身体の動きの制限もあり必ずしもチェックリストの行動目標をすべて達成するようには進みません。一つひとつの行動目標についても、あおいちゃん独自の基準で達成にすることもあります。

たとえば、〈社会性21　まねをして両腕を上げる〉という行動目標は、右手だけをあげれば達成としました。〈認知25　実物とその絵や写真を合わせる〉は、バナナの絵を見て食べるまねをしたら達成としています。また、物の出し入れやファスナーの開閉を達成した後には、通園バッグに持ち物を入れる課題に取り組みました。そしてまた、チェックリストに書かれていない課題を出すこともあります。それは、その課題があおいちゃんの発達を促すためには、必要だと判断したからでした。

4　子どもの成長とお母さんの変化

ポーテージプログラムをはじめた頃は、あおいちゃんとまだハイハイをしていた弟がお母さんのひざを争うので、お母さんと子どもたちはいつも1カ所に寄り添っていました。いまは家族も増え、子どもたちの行動範囲も広がり、両親も訪問看護やヘルパーなどの社会資源の支援を利用したり、親の会の活動に参加するなど積極的に社会とのつながりもでき、とてもにぎやかな家族になりました。

ポーテージ相談をはじめて5年が過ぎたあおいちゃんは、児童発達支援センターから帰ると毎日、お母さんといっしょにお弁当箱を袋から出してそれを洗って、それを洗いかごに伏せておきます。これはお母さんが考えたあおいちゃんだけのオリジナル課題です。あおいちゃんが健やかに成長したのはもちろんですが、一方でお母さんが、日常生活を過ごしながらそこにあおいちゃんの療育の視点が持てるようなり、お母さん自身が大きく変わられたという実感があります。

26 保育所等訪問支援の中で

平成24年度から児童福祉法に位置づけられた国の事業で、保育所等訪問支援事業がはじまりました。この事業では集団生活に配慮が必要な子どもに、児童発達支援センターの職員が保育園や幼稚園などを訪問し、直接に子どもの指導をしたり、子どもが所属する保育園や幼稚園の先生の子どもの対応方法を検討します。

支援会議を開催して個別指導計画を作成し、記録に基づき話し合いを重ねます。そうした支援の中にポーテージプログラムを取り入れて、保護者と保育園のクラス担任と専門機関の指導員が連携して子どもを指導しています。

1 クラス担任の気づき

保育園のクラス担任が発達に遅れや偏りがある「気になる」子どもに気づいたら、親（保護者）にも子どものようすを参観してもらい、専門機関に相談することを促します。親（保護者）が承諾をし、児童発達支援の受給者証の手続きをして児童発達支援センターと契約を結び、児童発達支援センターの指導員が、保育園と日程調整のうえ訪問支援を開始します。

2 子どもの実態把握・情報収集

児童発達支援センターの指導員は、子どもの発達の状態を生活場面や遊びのようす、ほかの子どもや先生へのかかわり方など集団活動の場面を観察することをとおして把握し、クラス担任からは日常の保育園でのようすについての情報を収集し、ポーテージプログラムについて説明をします。

親（保護者）からは、家庭での子どものようすや健康状態、生活リズム、子どもの行動の特徴や得意なこと、興味のあることなどについての情報を収集します。そして、ポーテージプログラムについて説明をして、「ポーテージプログラムチェックリスト」を使って発達アセスメントを行います。

3 支援会議の開催と個別指導計画の作成

保育園のクラス担任や職員と児童発達支援センターの指導員と親（保護者）で、子どもの支援会議を開催します。

家庭と保育園では子どものようすは異なりますので、親（保護者）が記入した「ポーテージチェックリスト」をもとに、クラス担任と指導員は、行動目標の達成の内容を確認し「社会性」「言語」「身辺自立」「認知」「運動」の5つの発達領域についてアセスメントを行い、親（保護者）の確認を得ます。

子どもの発達水準や保育ニーズに応じた各発達領域の行動目標で、1年後の子どもの姿を予測した長期目標となるものをチェックリストから選び出します。選んだ行動目標の中で、1カ月を目安にすぐに達成できそうな行動目標や緊急性のある行動目標などを短期目標とします。

「ポーテージチェックリスト」を使って親（保護者）とクラス担任と指導員が、いっしょに子どもの発達の状態を確認できます。行動目標を選ぶときも具体的に項目があげられているので、三者で相互理解をすることができます。子どもの発達の遅れを受容できない親（保護者）もいますが、三者で確認しながら行動目標を検討していくことができるので、しっかりと信頼関係が築けていけます。

指導員は、個別支援計画を作成し、クラス担任と親（保護者）の承諾を得ます。

4　指導計画の実施・評価

保育園での指導時間は、朝や帰りの準備・着替え・食事・トイレなど身辺自立を中心とした技能の指導と、遊び活動を展開する中での指導とに分けられます。

クラス担任と指導員は、短期目標を1日のどの時間にどう

■支援会議の中でポーテージプログラムを活用する

指導するのか検討します。

児童発達支援センターの指導員は、クラス担任に短期目標の指導方法を項目別に、ポーテージプログラムの「ホームプログラム」（家庭の状況に合わせて、家庭でもできる行動目標と指導方法を書いた文書）として渡します。行動目標の課題の数は、親（保護者）に合わせます。

1カ月ごとに、クラス担任がつけた記録と親（保護者）のホームプログラムの記録の結果を見て、指導員が保育園の子どものようすを観察し確認します。その後クラス担任は、保護者と一緒に指導の結果を見直し評価します。達成していない目標はその原因を話し合い、親（保育園）での環境調整が必要なときは、子どもに合わせた個別の対応も検討していきます。達成した課題の発達領域は、つぎの新しい目標をたてます。このように家庭と保育園が連携して子どもを育てていくことを、児童発達支援センターの指導員がポーテージプログラムを用いて、保育所等訪問支援事業の中で支援しています。

27

児童発達支援センターで

くすのみ園は知的発達に遅れがある幼児の療育機関で、1983年に開所されました。そして2009年度には障害児施設の統合再編によって「佐賀県療育支援センター」になりました。くすのみ園では『新版ポーテージ早期教育プログラム』を、①チェックリストを個々の子どもたちの発達の段階を知るために使い、②療育技法として、③保護者支援のプログラムとして利用し、療育指導の柱にしています。

また、佐賀県療育支援センターでは県内の療育指導者の育成にも取り組んでおり、保育園や幼稚園、児童発達支援事業所の職員の実践研修の場にもなっています。

1　一人ひとりの子どもの発達段階を知るために

子どもの発達段階を知ることは、支援を行う上で大切なことです。発達検査でＩＱ（知能指数）やＤＱ（発達指数）が示されていても、目の前の子どもの本来の姿をどのように理解していくかが重要です。『新版ポーテージ早期教育プログラム』では6つの発達領域ごとに達成することが望ましい行動目標（総数576項目）が具体的かつ簡潔に示されていますので、この行動目標を達成しているかをチェックすることで、その子どもの得意なことや苦手なこと、芽生えの部分などが総合的に把握できます。

各発達領域の発達年齢をスタッフが共通認識をした上で、子どもの支援目標を決定し日々の療育を行います。

くすのみ園の研修に参加した幼稚園や保育園の先生方から、幼稚園や保育園では子どもの発達の指標となるものがないために、個別の支援目標が曖昧になることも多く、ポーテージプログラムのチェックリストが有効だという意見を聞きます。子どもに日々接する先生方が、子どもを観る視点として幼稚園や保育園でも活用されれば、具体的な目標を持ち支援が行えると思います。

■スタッフの共通理解に基づいた療育

2　療育方法として

スタッフの異動が毎年、多かれ少なかれあるために、配慮や支援を必要とする子どもに対して、療育の質を保ち、継続した支援を行うことは容易なことではありません。この点からも個別の支援目標が文章化されており、達成目標が記録されるポーテージプログラムは、スタッフの共通理解を得るために効果的です。また、日本の子育て事情にも配慮した子どもの捉え方や接し方、ほめ方など具体的な療育技法を体系的に提示しているので、経験の多少にかかわらず学ぶことができます。

日々の療育の中で、行動目標を無理なく達成できる「標的行動」を設定して、スモールステップで継続して取り組むことが重要だと感じています。

3　保護者支援のプログラムとして

幼稚園や保育園での療育を家庭にどうつなげていくか、親（保護者）の子どもを育てる力をどう引き出していくかも重要な課題です。親（保護者）の中には、自分の子どもを何もできないと決めつけたり、どう子育てをしていけばよいのかわからず戸惑っている方も少なくありません。

くすのみ園では、家庭で取り組む課題を提示し、指導の結果を保護者に「記録表」に記録して提出してもらいます。記録された結果とくすのみ園の活動の中で到達度を確認します。親（保護者）が家庭でポーテージプログラムに取り組むことで、親（保護者）の指導によって子どもにできることが一つひとつ増えていき、親（保護者）が子育てに自信を持ち、前向きになっていきます。

ポーテージプログラムの実践は、ほめられる喜びやできたという達成感が実感でき、そのことで子どもが積極的になり、また親（保護者）とともに成長を確認できるところが最大の魅力だと思います。

あとがき

ポーテージプログラムで強調されるのは、子どもの発達に応じた個別指導プログラムであり、応用行動分析の原理を用いて、科学的根拠にもとづいて子どもの行動発達を支援するプログラムであるということです。

またポーテージプログラムは、チェックリストに代表されるツールを利用していますが、そのツールはあくまでも子どもの現在の発達アセスメントを行い、これからの指導の方向を探り指導計画を作成するためのツールであって、チェックリストにあげられた行動目標の一つひとつを埋めていくためのものではないということを十分にご理解いただきたいと思います。

そこでは、子どもが育っていく過程でどのような発達をしていくのかということをベースにして、その子どもや家族のニーズに対応していくことが求められます。子どもの発達の過程を親（保護者）や家族、支援者が共通に認識することによって、子どもにできることが少しずつ確かに増えていくことに喜びを感じるような子育てを目指しています。

子どもは、親（保護者）の笑顔が大好きです。子どもが生まれてはじめて親（保護者）になります。親（保護者）となる自分と、生まれてくる子どもとの楽しく希望に満ちた日々を思いやりながら過ごす出産までのさまざまな思いと、生まれてからのその思い通りにならない子育ての日々のギャップを、ましてや障害があることの告知を受けたときの絶望感で、笑顔のまったくない生活に陥ってしまったことを、私も経験してきました。

そしてその障害の告知から数カ月が経ったある日、わが子と同じ診断名のついた1歳くらい年長のお子さんを持つお母さんに出会うことがありました。そのお母さんは溢れるばかりの笑顔でお子さんと遊んでいらっしゃいました。「どうして障害児といわれる子どもを持って、その親となってしまったのにあんなに素敵な笑顔でいられるのだろう」と、私には大きな驚きであったとともに、それはそれまでの自分の気持ちに変化が生じたきっかけになった出会いでした。その後しばらくしてポーテージプログラムを知り、自分の子どもの成長に目が向けられるようになったときに、改めて親（保護者）としての喜びを感じることができる自分に変わったように思いました。

私は、ポーテージプログラムの普及により、家族に笑顔が広がっていってほしいと心から願っています。ポーテージ相談員は、笑顔配達人であってほしいと思っています。本書の出版をとおして、多くの人たちにポーテージプログラムを知っていただく機会になることをうれしく思っています。出版に当たって、本書の企画・編集にご尽力くださった合同出版編集部の齊藤暁子様と上村ふき様に厚くお礼を申し上げます。

認定NPO法人日本ポーテージ協会副会長・事務局長　谷島 邦雄

『ポーテージ乳幼児教育プログラム』
『ポーテージ早期教育ガイド』（1976 年改訂版）をもとに翻案し、1983 年に出版した日本版早期対応プログラム。

【ま】

問題行動
自傷行動や攻撃行動のように、周囲の人たちが問題だと思うような行動。当人にとっては、「（物・活動の）要求」「注目」「逃避・回避」「感覚」などのコミュニケーション機能を持つとされる。MAS 尺度などによる機能アセスメントや機能分析をとおして、４機能のどの機能であるかをアセスメントし、機能的に等価で社会的に妥当な代わりの行動に置き換える指導を行う。

【ら】

連続即時強化
行動が起こるたびに毎回強化子を即時に随伴させる手続き。１分間ルールといい、強化子の随伴を 60 秒以内に提示することによって、強化機能が保たれるといわれる。

レスポンデント行動
中性刺激が無条件刺激と対提示されることによって、無条件反応に類似した条件反応を誘発する条件刺激に変わるレスポンデント条件づけによって形成された反応（行動）。自律神経系反応や腺反応で起こる。ロシアの生理学者イワン・パブロフが犬の唾液分泌で実証した。

る刺激のこと。援助ともいう。身体的プロンプト、視覚的プロンプト、言語的プロンプトがある。

分化強化

ある特定の行動を強化し、それ以外の行動を強化しないことによって、その特定の行動の起こる頻度を増す手続き。

ベースライン

行動が起こる頻度を指導や介入をする前や指導や介入をした後に測定することによって、指導や介入による変化をみるための基準のこと。

ポーテージ家庭記録表

ポーテージ相談を進める際に、指導計画および指導の結果を記載する用紙。この指導計画をもとに、親（保護者）やその家族は家庭指導を一定期間繰り返して、その指導の結果を所定の欄に記載し、次回の面談のときに、この記録をもとにポーテージ相談員と話し合いを行う。

飽和現象

同じ強化子を頻回に提示し過ぎることによって、その強化子の強化機能が失われてしまう現象。

『ポーテージ早期教育ガイド（Portage Guide to Early Education：PGEE）』

アメリカ合衆国ウィスコンシン州ポーテージにおいて、ポーテージプロジェクトによって 1972 年に最初に開発された、障害のある乳幼児とその親（保護者）を支援するための家庭訪問指導による早期対応プログラム。

ポーテージ相談

『新版ポーテージ早期教育プログラム』などを用いて行われている早期からの発達相談や親（保護者）・家族支援。ポーテージ相談を行う人を“ポーテージ相談員”と呼ぶ。認定 NPO 法人日本ポーテージ協会が認定した“ポーテージ認定相談員”や“ポーテージ認定スーパーバイザー”の資格を有する者を中心に、全国 50 支部をおもな拠点に実践されている。

ポーテージ・モデル

発達に遅れや偏りのある乳幼児とその家族に対する、家庭訪問による早期からの発達相談や親（保護者）・家族支援の総称。

【は】

罰

行動の生起を減少させる行動随伴性のこと、弱化ともいう。罰刺激の提示による弱化（正の弱化）と強化刺激の除去による弱化（負の弱化）がある。

発達経過表

子どもの発達状態や指導経過がひと目でわかるように、日本版の作成に際して、独自に開発されたものである。この発達経過表の一つひとつのマス目がチェックリストにあげられた各発達領域の行動目標に対応する。

発達検査

ごくふつうの子どもの発達を標準として、そこからの発達の遅滞や偏りをみるための心理検査。発達指数（DQ）、発達年齢（DA）などの指標によって、発達の様相が示される。知能検査とともに、早期教育の効果を評価する指標として使われる。

般化

ある特定の刺激に対する特定の行動が形成された後に、類似した刺激に対して特定の行動が起こるようになったり（刺激般化）、特定の刺激に対して類似した行動が起こるようになること（反応般化）。

非嫌悪手続き

行動障害や問題行動に対する機能アセスメントや機能分析をとおして、機能的に等価で社会的に妥当な代わりの行動を教えたり、望ましい行動の分化強化を行うなど、罰を使わないで望ましい行動を増やす手続き。

標的行動

一般的には行動介入プログラムで従属変数として測定される、介入による変化の対象となる行動。ポーテージプログラムでは、課題分析によって細分化された一つひとつのステップのこと。

フェイディング

弁別刺激（S^D）だけで反応が生起するようになるまで、プロンプトを徐々に減らしていく手続き。

プロンプト

弁別刺激（S^D）が所定の反応の生起を高めるように、それにつけ加えて提示す

消去

強化子を非随伴に除去し続けることによって、行動を減らすこと。この手続きによって、一時的にそれまでよりもその行動の起こる頻度が増加する“バースト現象”が起きることがある。行動が消去するまでの時間の長さと反応数を“消去抵抗”という。

『新版ポーテージ早期教育プログラム』

『ポーテージ早期教育ガイド（Portage Guide to Early Education：PGEE）』をもとに 1983 年に作成した日本版『ポーテージ乳幼児教育プログラム』を 2005 年に改訂した、発達に遅れや偏りのある乳幼児とその親や家族を支援するための早期対応プログラム。

正の強化子

行動が起こった直後に随伴して提示されると、その行動がその後に起こる頻度を高めるような刺激・できごと・条件。

状況要因

個体の状態や周囲の状況がその個体の行動の自発に影響を及ぼすこと。生理的状況（例 空腹）、社会的状況（例 親の存在）、物理的状況（例 照明）がある。

【た】

チェイニング

一つひとつの行動を順次に強化して、複雑な行動の連鎖を形成する手続き。バックワード・チェイニングとフォワード・チェイニングがある。前者は、行動の連鎖の中で、もっとも最後の行動を強化し、後ろから前に向かって徐々に行動を形成する。後者は、行動連鎖の中でもっとも最初の行動を強化し、前から後ろに向かって徐々に行動を形成する。

適切行動支援

罰や嫌悪技法を使わずに、行動障害や問題行動を減らしたり管理するために建設的に行動原理を適用すること。1980 年代までは、行動障害への対処として罰や嫌悪技法が多く使われてきたが、それ以降は、行動障害や問題行動を個人の問題としてみるのではなく、地域でよりよい生活を営むために、サービスの改善を求めている行動だとみるようになった。行動障害をよく理解し有効な支援をその行動障害を起こす人の周囲に構築することによって、その行動障害を減少させる対処が行われる。

【さ】

三項随伴性

弁別刺激（S^D）―行動（B）―結果事象（S^R）の三項からなる行動随伴性の関係。行動（B）の起こる頻度を変えるには、弁別刺激（S^D）を操作する刺激性制御と結果事象（S^R）を操作する随伴性制御がある。弁別刺激（S^D）とは、行動（B）の自発を動機づける環境の中にある刺激。結果事象（S^R）とは、行動（B）の自発の結果としての環境の変化のこと。

シェイピング

オペラント行動の強化基準を最終行動に漸次接近させることによって、最終行動を形成すること。イルカの調教や犬のしつけなどにも使われる。

刺激性制御

ある特定の刺激（S^D）のもとで行動を強化し、別の刺激（S^{Δ}）のもとで行動を強化しないと、特定の刺激（S^D）が行動を自発させる手がかりとなって行動を制御するようになる。この S^D を弁別刺激と呼ぶ。弁別刺激によって、行動の生起を制御すること。

指導経過記録表

ポーテージ相談の中で選び出された行動目標としての課題とその達成について、指導経過を記録する用紙。

社会的妥当性

行動を変容したり形成しようとするプログラムの目的や手続き、あるいは変化の方向性などが、対象となっている人やその周囲の人たちを含む社会にとって承認され受け入れられる要件を満たしているかどうかということ。

修正手続き

現在の援助の量で指導をしても子どもに正反応が起こらないときに、さらに大きな量の援助を与えてでもその正反応を起こさせ、強化を受ける機会を確保しようとする手続き。課題分析をした標的行動の中で、現在指導している標的行動よりも、さらに一ステップだけ援助の量の多いステップを用いて指導すること。

条件性強化子

ほかの強化子と対にして提示されることによって、強化子としての機能を持つようになった刺激·できごと·条件。学習された強化子である。お金、ニコニコマーク、○印など。

嫌悪刺激

行動に随伴して提示されると直前の行動の起こる頻度を減らし(正の弱化)、除去されると直前の行動の起こる頻度を増やす(負の強化)刺激・できごと・条件。

効果の法則

個体が環境の中である行動を起こすことで、その個体にとって望ましい結果が得られると、その結果によってその行動が増加すること。E.L.ソーンダイクは、問題箱に猫を入れて試行を繰り返すと、猫がエサを食べるまでの時間が短くなることを見出した。この“ある行動が増加するかどうかは、その行動の効果(結果)に依存する”という発見が、応用行動分析の「強化の原理」の基礎になっている。

行動主義

J.W.ワトソンは、20世紀の初頭に、心理学は自然科学と同様に科学として体系化されなければならず、“観察可能”で“測定可能”な環境の中にある刺激(S)と反応(R)の関係を研究すべきであり、この刺激と反応の関係を知ることによって、環境の中にある個体の行動の予測と制御が可能になるとした。これが、行動主義の台頭である。

行動随伴性

行動の自発に随伴して生じる環境変化のことで、強化と弱化がある。前者は、行動の生起を増加させる行動随伴性、後者は、行動の生起を減少させる行動随伴性のこと。行動の生起を増加させるには、行動の生起に随伴して強化子を提示する(正の強化)か、罰刺激や嫌悪刺激を除去する(負の強化)。行動の生起を減少させるには、行動の生起に随伴して罰刺激や嫌悪刺激を提示する(正の弱化)か、強化子を除去する(負の弱化)。

行動目標

行動の用語で書かれた指導目標のこと。『新版ポーテージ早期教育プログラム』では、6つの発達領域(「乳児期の発達」「社会性」「言語」「身辺自立」「認知」「運動」)に6歳以前の発達水準の行動目標が576項目、発達の順序性と系列性に従って、配置されている。

国際ポーテージ会議

国際ポーテージ協会(会長 デイビッド・シアラー)は1988年に設立され、以後2年に1回ずつ国際ポーテージ会議が開催されている。日本は1988年(東京大会)と1998年(広島大会)に主催した。近年では、2014年11月に第15回会議が、ザンビアのルサカで開催された。

機会利用型指導法

日常的な環境における機能的な言語の自発使用を指導する方法。たとえば、子どもがよく遊んでいるおもちゃを、子どもの目には見えるけれども手の届かない棚の上に置き、子どもがそのおもちゃを取ろうとした機会を利用して、子どもの水準に合った言語を指導する。般化を促すためにも有効である。

機能的コミュニケーション指導法

問題行動と機能的に等価で、社会的に妥当な適切なコミュニケーション行動を形成することによって、問題行動を低減させようとするアプローチ。問題行動の機能アセスメントを行って、その機能を明らかにしたうえで、問題行動と機能的に等価な適切行動を分化強化する。

強化子

行動の生起に随伴して提示すると、その行動の起こる頻度を増やす刺激。強化刺激ともいう。前もって強化子が決まっているわけではなく、直前の行動の起こる頻度を増やせば強化子である。食べ物や飲み物あるいは活動などの物的強化子や注目や賞賛などの社会的強化子がある。強化子の強化機能は一人ひとりによって異なる。それぞれの子どもにとって有効な強化子を探すことを、“強化子調査”という。

強化スケジュール

あるオペラント水準で行動の自発を維持するには、部分強化を行う。部分強化のしかたを“強化スケジュール”といい、時間間隔による場合〔固定時間間隔強化（FI)、変動時間間隔強化（VI)〕と比率〔固定比率強化（FR)、変動比率強化（VR)〕による場合がある。

機能アセスメント

問題行動の機能について MAS 尺度などを使ってアセスメントし、４機能（「要求（物、活動)」「注目」「逃避・回避」「感覚」）のどれであるかを仮定すること。問題行動は、ことばを持たない人たちの非言語的コミュニケーション手段であると捉える。

機能的等価性

問題行動の機能アセスメントにより、４機能（「要求（物、活動)」「注目」「逃避・回避」「感覚」）のどれであるかを仮定して、問題行動の機能と等価で社会的に妥当な代わりの行動に置き換える対処を行う。

親（保護者）・家族支援

ポーテージ相談員は、発達に遅れや偏りのある乳幼児の親（保護者）やその家族に焦点をあてながら相談活動を進める。行動目標の選択は、親（保護者）・家族とともに行うことが基本であり、親（保護者）や家族が子どもの発達支援に主体的にかかわっていることを実感してもらうことが大切である。

【か】

課題分析

チェックリストから選び出した行動目標がすぐに達成されそうにないときに、それを長期の行動目標として設定し、その行動目標を一つひとつは短期間に達成可能な連続するスモールステップ（“標的行動”と呼ぶ）に細分化することによって、迅速かつ誤りなくその長期の最終目標に到達させる手続き。4 要素（「誰が」「どんな条件のもとで」「どの程度じょうずに」「何をする」）を含む行動目標に書き換えてから課題分析を行う。

細分化した一連の行動連鎖のステップをすべて示しながら指導する方法を“全課題提示法”という。

活動カード

チェックリストにあげられた 576 項目の行動目標が、その行動目標を達成するための指導の方法や援助のしかた、教材・教具の利用などに関する活動例とともに、それぞれ 1 項目ずつ記載されたカード。

活動チャート

行動目標または標的行動とその指導方法について、親（保護者）や家族とポーテージ相談員の間で情報を共有するとともに、親（保護者）や家族による指導の効果を評価する記録用紙。活動チャートは、すべての行動目標や標的行動について用いるわけではない。

家庭中心アプローチ

就学前の乳幼児にとって、家庭はもっとも“自然な環境”である。ポーテージプロジェクトは、ポーテージの地理的な特徴を考えて、家庭をおもな指導の場として、訪問教師が家庭を訪問して指導を行うポーテージ・モデルを採用した。訪問教師による、原則として 1 週間を単位とする家庭への訪問指導の中で、『ポーテージ早期教育ガイド（Portage Guide to Early Education：PGEE）』が活用された。

ポーテージ相談の関連用語集

【あ】

アセスメント

アセスメントとは、発達の実態や学習の特徴、指導の経過を確認しながら指導を展開するための作業である。それぞれ時期や目的を異にする多層アセスメントを行う。標準化検査によるアセスメント、行動観察によるアセスメント、カリキュラムアセスメント、指導途中のアセスメントの４つがある。

ABC 分析

三項随伴性と同じ。問題行動を減らすために、刺激（A）ー行動（B）ー結果（C）の関係を、ABC チャートを使って、問題行動が起こるときの先行する刺激（A）と後続する結果（C）について観察し記録する。問題行動を減らすには、先行する刺激（A）か後続する結果（C）に対処する。

エビデンス・ベースト

ポーテージ相談では、子どもの行動目標の選択や指導計画の作成はもとより、子どもの行動の観察・記録や親（保護者）のニーズ、家族のアセスメントなどのエビデンス（証拠）をもとに、意思決定を行う。こうすることで、子どもの発達支援に関連して、ポーテージ相談員と親（保護者）･家族の間に共通理解が得られる。

応用行動分析（ABA）

「ある環境において、個体はなぜそのように行動するか」という個体と環境との相互作用を記述することによって、その環境にいる個体の行動の予測と制御を行う。ABA(Applied Behavior Analysis) といわれることがある。ポーテージ相談において、チェックリストから選び出した行動目標を達成させるために、応用行動分析の原理を適用する。

オペラント行動

オペラント条件づけの手続きによって形成された行動。骨格筋が関係するような粗大な行動で、その行動の自発に随伴して強化子あるいは罰刺激を提示あるいは除去することによって、その行動がその後に起こる頻度を増加あるいは減少させる。

3　スーパーバイジング事業

日本ポーテージ協会が認定したポーテージ相談認定スーパーバイザーが、契約に基づいてポーテージプログラムの適用に関する助言・指導を行っています。

4　研究事業

（1）ポーテージプログラムを用いた相談に関する事例研究を行っています。
（2）幼児・グループ指導カリキュラムに関する研究を行っています。
（3）ポーテージ活動の児童への適用に関する研究を行っています。

5　支部活動

全国50カ所にある支部で地域の実情に応じた活動を行っています。また年１回、支部代表者会議を開催しています。

6　友の会活動

ポーテージプログラムで育った子ども、青年たちと保護者による交流会、「ポーテージ友の会」を年１回開催しています。

7　広報活動

機関紙「ポーテージ通信」を年４回発行しています。そのほか、ホームページにより関連する情報を広く知らせています。

8　出版活動

ポーテージプログラムに関する各種教材、書籍の出版を行っています。

9　国際活動

（1）国際ポーテージ協会に加盟している国で開催される国際ポーテージ会議に参加して、活動報告を行っています。
（2）アジア各国でポーテージプログラムのワークショップセミナーを開催し、ポーテージ相談員養成のための支援をしています。

認定 NPO 法人日本ポーテージ協会のプロフィール

◉設立：1985 年 3 月
◉ NPO 法人認証：2000 年 3 月
◉認定 NPO 法人認定：2014 年 1 月
（2015 年3月現在）

1 相談事業

（1）ポーテージ相談およびポーテージプログラムを用いた発達支援

本部、全国の支部、ポーテージ活動を行う団体で、発達に遅れや偏りのあるまたはそのおそれのある乳幼児の親（保護者）を対象にポーテージ相談を行ったり、ポーテージプログラムを用いた発達支援活動を行っています。

（2）ポーテージ相談員の資格認定

ポーテージ相談にあたる人を“ポーテージ認定相談員”と呼び、その資格認定と更新制度をもっています。

2 研修事業

（1）ポーテージプログラム指導者養成研修セミナー

①初級研修セミナー：ポーテージプログラムの基礎を学ぶ３日間のセミナーを年３回程度開催しています。

②中級研修セミナー：初級研修セミナーの受講認定書を持つ人を対象に、事例発表を中心にした３日間のセミナーを年２回程度開催しています。

（2）幼児・グループ指導カリキュラム研修セミナー

『インクルージョン保育を展開するための幼児・グループ指導カリキュラム』を学ぶ２日間のセミナーを開催しています。

（3）認定相談員事例研究会

認定相談員による事例報告とその検討と討議を中心に行う研究会を年２回程度開催しています。

（4）一日セミナー

ポーテージプログラムの概要について一日で学ぶ簡易なセミナーを、全国で開催しています。

（5）連続公開講座

最新のトピックや喫緊の課題について、毎年テーマを決め、講師を招き連続した講座を開催しています。

（6）講師派遣

ポーテージプログラムや幼児・グループ指導カリキュラムに関する内容などについて開かれる職場研修や勉強会へ講師を派遣しています。

【東北地域】
山形支部（新庄市）
岩手江刺支部（奥州市）
盛岡支部（ポーテージ療育教室ぽっけ）
（盛岡市）
いわき支部（いわき市）
いわき小名浜支部（いわき市）
宮城支部（大崎市）
仙台支部（仙台市）

【関東地域】
茨城県支部（下妻市）
高崎支部（高崎市）
大宮支部（さいたま市）
飯能支部（飯能市）
春日部支部（春日部市）
埼玉花崎支部（加須市）
大宮宮原支部（さいたま市）
志木支部（志木市）
越谷支部（越谷市）
所沢支部（所沢市）
入間ポーテージの会（入間市）
そらまめの会（さいたま市）
松戸支部（松戸市）
千葉支部（キッズルームチャコ）
（千葉市）
大田品川支部（大田区）
世田谷目黒支部（世田谷区）
世田谷クローバーの会
（世田谷区）
立川支部（立川市）
青梅支部（青梅市）
江戸川支部（江戸川区）
横浜支部（横浜市）
新横浜支部（横浜市）
川崎中原支部（川崎市）
鎌倉支部（鎌倉市）
藤沢支部（藤沢市）
相模原支部（相模原市）
横浜港南台支部（横浜市）

【中部・北越地域】
甲府支部（甲府市）
甲府第２支部（甲府市）
富士吉田支部（富士吉田市）
北巨摩支部（北巨摩郡）
峡中支部（甲斐市）
新潟チューリップ支部（糸魚川市）
恵光学園支部（富山市）
金沢支部（金沢市）
石川湖南支部（金沢市）
南加賀支部（加賀市）

認定ＮＰＯ法人日本ポーテージ協会　全国支部（50 支部）

■認定ＮＰＯ法人 日本ポーテージ協会ポーテージ相談登録団体
（2015 年６月現在：掲載をご承諾いただいた団体のみ）
❶秋田県立医療療育センター（秋田市）
❷特定非営利活動法人オリーブの木（仙台市）
❸特別支援学習塾キッズハウス（いわき市）
❹ NPO 法人キララこそだて支援センター キララ子ども園（水戸市）
❺ NPO 法人生活支援サービスにじ（鴻巣市）
❻児童発達支援センター きみつ愛児園（君津市）
❼学校法人つぼみ学園 つぼみ幼稚園（四街道市）
❽社会福祉法人同愛会 川崎市中央療育センター（川崎市）
❾社会福祉法人富山市桜谷福祉会 こども発達支援センター 富山市恵光学園（富山市）
❿社会福祉法人松原愛育会 重症心身障害施設石川療育センター（金沢市）
⓫ NPO 法人ほっと 児童発達支援事業所桜の宮ほっと（大阪市）
⓬社会福祉法人 宝山寺福祉事業団 児童発達支援センター 仔鹿園（奈良市）
⓭特定非営利活動法人 こども療育センターたんぽぽ（伊丹市）
⓮児童発達支援センター 柏学園（安芸郡）
⓯特定非営利活動法人 たけのこキッズ（鹿児島市）

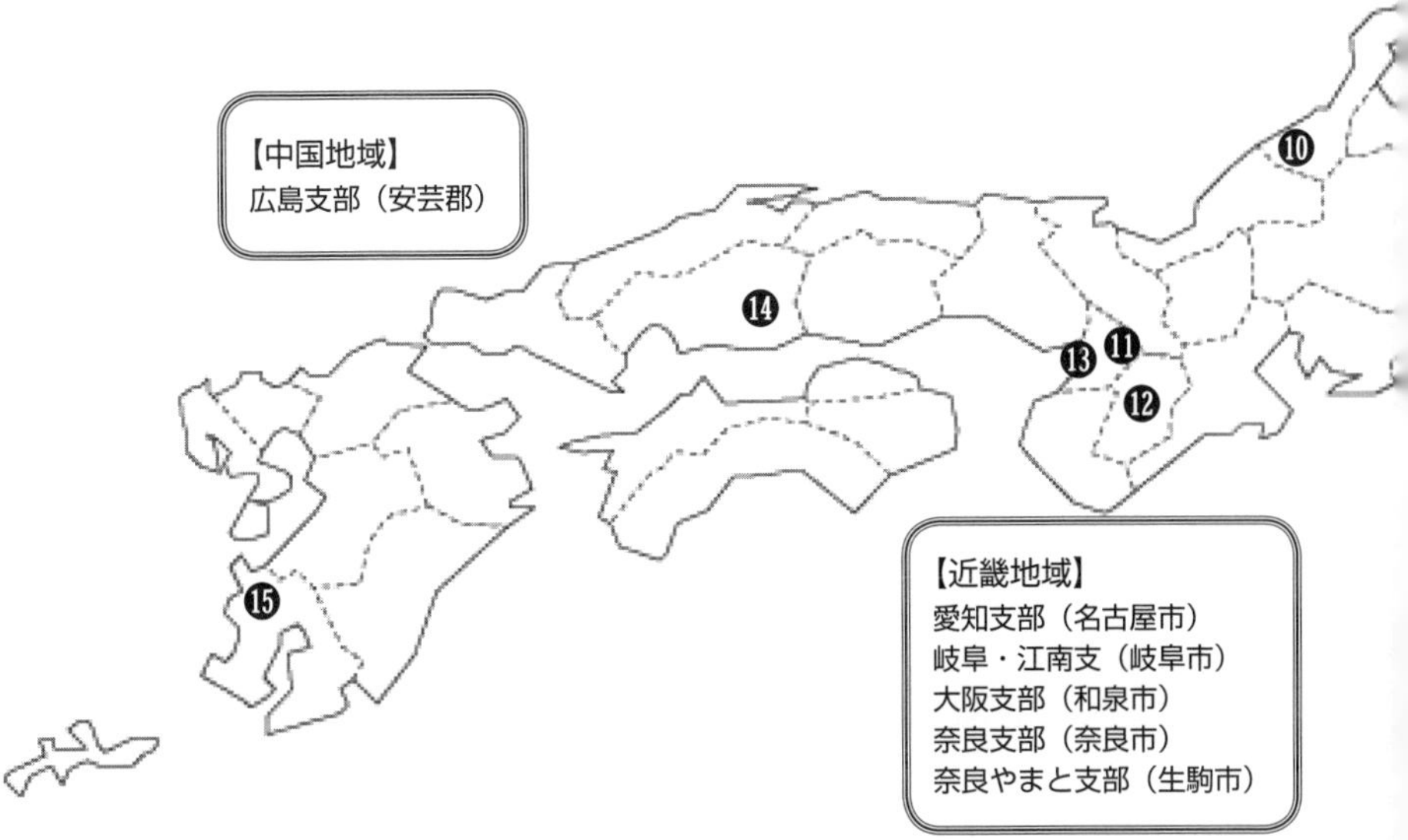

●執筆者

矢作淳子（やはぎ・じゅんこ）……第1章1-4

日本ポーテージ協会理事・認定スーパーバイザー。

成澤佐知子（なりさわ・さちこ）……第1章9-11

社会福祉法人四天王寺福祉事業団　四天王寺太子学園施設長・日本ポーテージ協会理事・認定スーパーバイザー。

白幡久美子（しらはた・くみこ）……第3章23

中部学院大学短期大学部幼児教育学科教授・日本ポーテージ協会理事・認定スーパーバイザー。

小坂正栄（こさか・まさえ）……第3章24

石川県立保育専門学園非常勤講師・認定スーパーバイザー。

北河敦子（きたがわ・あつこ）……第3章25

日本ポーテージ協会認定相談員。

花田栄子（はなだ・えいこ）……第3章26

北九州市立到津ひまわり学園主任・認定スーパーバイザー。

中尾浩子（なかお・ひろこ）……第3章27

佐賀県療育支援センターあそしあ児童発達支援担当係長・日本ポーテージ協会認定相談員。

谷島邦雄（やじま・くにお）……あとがき

日本ポーテージ協会副会長・事務局長。

■著者紹介

●監修

認定ＮＰＯ法人日本ポーテージ協会

●編著

清水直治（しみず・なおじ）……はじめに、第２章

1979 年東京大学大学院教育学研究科教育心理学専攻博士課程満期修了。

現在、東洋大学大学院文学研究科教育学専攻教授、東洋大学文学部教授、認定 NPO 法人日本ポーテージ協会会長。専門分野は、特別支援教育、応用行動分析学。

主な著書として、『行動分析からの発達アプローチ』（共監訳、二瓶社、2001）、『自閉症の発達と教育』（共監訳、2002）、『自閉症児の親を療育者にする教育』（共監訳、二瓶社、2005）、『続・ポーテージで育った青年たち—輝いて今をいきいきと—』（共著、ジアース教育新社、2012）などがある。


吉川真知子（よしかわ・まちこ）……第１章 5-8

日本ポーテージ協会常務理事・認定スーパーバイザー
障害児通園施設勤務を経て、日本ポーテージ協会常務理事、認定相談員、認定スーパーバイザー。著書として、『ポーテージで育った青年たち－発達に遅れのある子の乳幼児からの成長の歩み－』（共著、ぶどう社、2002）『続・ポーテージで育った青年たち－輝いて今をいきいきと－』（共著、ジアース教育新社、2012）。

■認定ＮＰＯ法人日本ポーテージ協会の連絡先

〒 166-0012　東京都杉並区和田３丁目 54 番５号
第 10 田中ビル３階３号室
TEL：03-3313-4822 ／ FAX：03-3313-2575
Email：jpa@a-net.email.ne.jp
ホームページ（URL）：http://japan-portage.org/

認定NPO法人
日本ポーテージ協会

組版：酒井広美
装幀：守谷義明＋六月舎
イラスト：藤原ヒロコ

発達が気になる子どものための
ポーテージプログラム入門
――0歳から家庭でできる発達支援――

2015年7月10日　第1刷発行

監修者　認定NPO法人 日本ポーテージ協会
編著者　清水直治・吉川真知子
発行者　上野良治
発行所　合同出版株式会社
　　　　東京都千代田区神田神保町1-44
　　　　郵便番号　101-0051
　　　　電話　03（3294）3506
　　　　FAX　03（3294）3509
　　　　振替　00180-9-65422
　　　　ホームページ　http://www.godo-shuppan.co.jp/

印刷・製本　新灯印刷株式会社

■刊行図書リストを無料進呈いたします。
■落丁乱丁の際はお取り換えいたします。

ISBN 978-4-7726-1242-5　NDC 370　148 × 210